Handbuch LeseFörderung

Medien – Infos – Daten

von Theo Kaufmann

Inhalt

Verein für Leseförderung e.V.

Allgemeine Informationen

Der Verein für Leseförderung e.V. wurde 2004 von dem Waiblinger Seminarschulrat Theo Kaufmann gegründet. Der Verein wird ehrenamtlich geführt und hat zwischenzeitlich über 800 Mitglieder. Ziel des Vereins ist es, verlässliche Strukturen für das Lesen auf- und auszubauen und das Lesen vor allem im motivationalen Bereich zu fördern.

Neben dem JugendSachbuchPreis engagiert sich der Verein vor allem in Grundschulen und Werkrealschulen. Für diese Institutionen bildet er Lesepaten und Sprachhelfer aus, sponsert Bücher für Klassenbibliotheken und unterstützt die Schulen bei Veranstaltungen, wie Lesenächten und Autorenlesungen – letztere auch finanziell. Er betreibt Leseclubs, die wegen der unterschiedlichen Leseinteressen von Jungen und Mädchen geschlechtergetrennt stattfinden.

In die Vermittlungsaktivitäten werden auch lesefördernde Online-Angebote (Antolin. de, Onilo.de) eingebunden. Darüber hinaus ist der Verein auch in Kindergärten aktiv.

Der JugendSachbuchPreis

Die Lust am Lesen hat Priorität

Der JugendSachbuchPreis ist der einzige überregionale Buchpreis, der ausschließlich Sachbücher im Fokus hat. Initiiert und organisiert wird er vom Verein für Leseförderung e.V. Die Preisvergabe und -verleihung findet seit 2008 jährlich im November in einer anderen Stadt in Baden-Württemberg statt.

In der Jury arbeiten neben einzelnen Erwachsenen auch Tandems mit (Eltern – Kind, Lehrer/-in – Schüler/-in, Oma – Enkel …) Auf diese Weise sind Kinder und Jugendliche direkt an der Vergabe des JugendSachbuchPreises beteiligt. Bei Abstimmungen hat jedes Tandem deshalb zwei Stimmen.

Die Jury beschäftigt sich mit Titeln aus dem Bereich der Kinder- und Jugendsachbücher des aktuellen Jahres. Im Mittelpunkt stehen die Neuerscheinungen. Es werden aber auch Neuauflagen berücksichtigt, also Bücher, die in den vergangenen Jahren erstmalig erschienen sind. Die Jury achtet bei ihrer Sichtung auch darauf, die zum Teil sehr guten Sachbuchreihen nicht aus dem Auge zu verlieren. Hier gibt es neben dem völlig zu Recht existierenden sogenannten Lesefutter immer wieder verlegerische oder inhaltliche Perlen zu entdecken.

Bei der Buchauswahl steht neben der Aktualität auch das Prinzip der Leseförderung im Vordergrund. Die PISA-Studie von 2000 vermittelte unter anderem, dass nur 42% der 15-Jährigen aus Spaß am Lesen an sich lesen. Der JugendSachbuchPreis möchte mit seiner Auswahl Kinder und Jugendliche, vor allem auch Jungen, zum Lesen verlocken.

Der Preis unterscheidet die drei Kategorien Originaltitel, Lizenztitel und Sachbuch plus und honoriert die Autor/-innen der Siegertitel mit jeweils 1.000 Euro.

„Der JugendSachbuchPreis will Kindern und Jugendlichen, Eltern und Großeltern, Lehrer/-innen und Erzieher-/innen, Buchhändler/-innen und Bibliothekar/-innen eine Schneise in den Dschungel des jährlich wachsenden Sachbuchwaldes schlagen."

Theo Kaufmann, Initiator des JugendSachbuchPreises

Theo Kaufmann (Juryvorsitz, 1. Vorsitzender des Vereins für Leseförderung e.V.), Roland Hocker (Leiter des Staatlichen Schulamtes Tübingen), Uta Schwarz-Österreicher (Leitung des Fachbereichs Familie, Schule, Sport und Soziales der Stadt Tübingen), Nicole Lang (Fachberaterin am SSA Heilbronn – Mitglied im Organisationsteam) sowie die gesamte Jury 2014

Antolin.de • ein Internetportal zur Leseförderung

Was ist Antolin.de?

Antolin ist ein internetbasiertes Leseförderprogramm. Die häufigste Nutzung durch Schüler/-innen besteht darin, Multiple-Choice-Fragenkataloge zu einem gelesenen Buch zu beantworten. Immer mehr weiterführende Schulen (auch Gymnasien) verwenden es im Unterricht. Auch im vorschulischen Bereich kann Antolin.de sehr gut angewandt werden, indem den Kita-Kindern die Fragen und Distraktoren vorgelesen werden. Seit 2013 gibt es auch Fragen, die sich der Schüler oder die Schülerin per Button-Klick über einen Minilautsprecher vorlesen lassen kann.

Wie bringt man Jungen zum Lesen?

Mit Antolin.de können erfahrungsgemäß auch eher lesefaule oder leseschwache Jungen zum Lesen motiviert werden. Besonders auf Sachtexte und Sachbücher sprechen Jungen gut an.

Wird das Medium nie langweilig?

Lehrkräfte, die regelmäßig mit Kindern Antolin.de nutzen, stellen fest, dass es die sonst bei anderen Medien feststellbare Benutzermüdigkeit nicht gibt.

Findet jedes Kind nach seinem Geschmack etwas in Antolin.de?

Eine Stärke von Antolin.de liegt in der Vielfalt der Textangebote: Neben der Arbeit mit belletristischen und Sachbüchern kann man mit Antolin.de auch sehr gut den Umgang mit Nachschlagewerken (Lexika, Wörterbücher, Wörterlisten) trainieren.

Ist Antolin.de wirklich kinderleicht zu bedienen?

Auch Lehrkräfte, die keine große Affinität zu Multimedia haben, bestätigen die einfache Handhabung von Antolin.de.

Bringt Antolin.de der Lehrkraft wirklich so viel?

Es sei hier nur ein Beispiel herausgegriffen: Antolin.de erstellt für jedes Kind automatisch sein „Lese-Portfolio". Darin wird aufgeführt, welche Bücher oder Texte gelesen und wie viel Prozent der Fragen jeweils richtig beantwortet wurden. Das Antolin.de-Portfolio gibt der Lehrkraft also Auskunft über die Leseinteressen und Lesefähigkeiten des jeweiligen Kindes.

Welche Statistiken bietet Antolin?

Neben Informationen zu den einzelnen Schülerinnen und Schülern erhält man auch wichtige Informationen zur gesamten Klasse, wenn man die Statistikbuttons anklickt. Dort kann die Lehrkraft z. B. feststellen, wie viele Bücher insgesamt im Schnitt von der Klasse gelesen wurden, ebenso wie der Stand der Leseleistung der gesamten Klasse ist. Diese Daten können jeweils mit den Angaben zum einzelnen Kind in Relation gesetzt werden. Darüber hinaus kann die Lehrkraft feststellen, welche Leseinteressen einzelne Schüler/-innen bzw. die ganze Klasse haben.

Kann ich mit Antolin auf Heterogenität eingehen?

Jedes Kind oder jede/-r Jugendliche kann sich die Bücher bzw. deren Fragesätze nach dem selbst gewählten Schwierigkeitsgrad aussuchen.

Kann man mit Antolin.de Texte auch online lesen?

Grundsätzlich kommen die Kinder und Jugendlichen auf herkömmliche Weise zu ihrer Lektüre: Sie kaufen die entsprechenden Bücher oder leihen sie (in einer Bibliothek) aus. Seit dem Sommer 2010 gibt es aber die Möglichkeit, dpa-Nachrichten bei Antolin.de zunächst online zu lesen und im Anschluss daran Fragen zu den jeweiligen Sachtexten zu beantworten.

Bekomme ich durch Antolin.de auch Tipps in Sachen „Leseförderung"?

Es gibt bei Antolin.de einen Button *Leseförderung*. Dort findet man eine Menge interessanter Informationen: „Auszeichnungen, Preise" (Buchpreise) sowie „Interessante Themen" von Afrika bis Weltwunder, „Berühmte Persönlichkeiten" wie z. B. William Shakespeare, Jahrestage unter „Es jährt sich" sowie „Feste und Feiertage", wo neben den wichtigsten christlichen Festen auch der Fastenmonat des Islam, der Ramadan, thematisiert wird.

Welches Fazit kann man ziehen?

Antolin.de ist in der Lage, eine altersheterogene Nutzergemeinde von Kita-Kindern bis hin zu Jugendlichen der 9. und 10. Klasse zufriedenzustellen. Was die Benutzerfreundlichkeit angeht, gibt es im Leseförderbereich wohl kein so komplexes Multimedia-Angebot, das in dieser Hinsicht an Antolin.de herankommt. Erwähnt sei am Ende, dass Lehrkräfte selbst Fragesätze zu Büchern oder Texten entwickeln und bei Antolin.de online stellen können.

Funktionen und Möglichkeiten bei Antolin.de

Lese-Fleiß: Informationen zu den Lese-Fleiß-Bildern

Die Aktion „Lese-Fleiß-Bilder" zielt vor allem auf die Klassen 1 und 2 ab. Die Kinder sollen jeden Tag ca. zehn Minuten zu Hause lesen, z. B. in einem Geschichtenbuch, einem Sachbuch, einem Kalender … Die zehn Minuten tägliches Lesen sind natürlich nur eine Empfehlung. Einen Info-Brief hierzu kann man bei Antolin.de herunterladen.

Die Eltern bestätigen die aktive Lesezeit ihrer Kinder auf dem Wochen-Brief durch ihre Unterschrift (Download in Antolin.de auch in Türkisch).

Die Lehrkraft überträgt die Leseeinheiten der Kinder auf ihrer Seite „Lese-Fleiß". Das Setzen der entsprechenden Häkchen bewirkt, dass auf der Lese-Fleiß-Seite der Kinder ein Bild erscheint, das sich Woche für Woche aufbaut. Je mehr Leseeinheiten ein Kind absolviert hat, desto mehr Elemente erscheinen auf dem Bild. Für zehn Leseeinheiten erhalten die Kinder auf ihrer Lese-Fleiß-Seite zusätzlich einen Antolin-Lese-Fleiß-Raben:

Woche 1   Woche 10

Quelle: Bildungshaus Schulbuchverlage Westermann Schroedel Diesterweg Schöningh Winklers GmbH,

Illustration: Iris Blanck (Wald), Alexander Steffensmeier (Rabe)

So rufen Sie die Lese-Fleiß-Funktion als Lehrkraft auf:

a) Wählen Sie unter „Meine Klassen" die gewünschte Klasse aus, die am Lese-Fleiß-Programm teilnehmen soll. Klicken Sie in der rechten Menüleiste unter „Statistiken, Leseleistung" auf den Menüpunkt „Lese-Fleiß".

Hier
- können Sie die Leseeinheiten der Schüler/-innen eintragen,
- finden Sie einen Informationsbrief für die Eltern,
- finden Sie den Brief für die Eltern, mit dem die Eltern bestätigen können, dass das Kind die tägliche Lesezeit eingehalten hat.

b) Was passiert am Ende der 10 Lesewochen?

Am Ende der 10 Lesewochen sehen diejenigen Kinder einen Lese-Fleiß-Raben, die alle Leseeinheiten absolviert haben, d. h. für die Sie, als Lehrer/-in in jeder Woche ein Häkchen gesetzt haben.

Unter dem vollständigen Lese-Fleiß-Bild erscheint ein Button „Animation abspielen". Per Klick auf diesen Button können sich die Schüler/-innen die 10 Einzelbilder als Film ansehen.

c) Wie kann ich mit einer neuen Lese-Fleiß-Runde beginnen?

Mit einem neuen Lese-Fleiß-Bild beginnen
- für die ganze Klasse: „Für die ganze Klasse" anklicken und auf „OK" klicken.
- für einzelne Schüler/-innen: Das gewünschte Kind anklicken und auf „OK" klicken.

Leseliste: Informationen für Lehrkräfte

Die Leseliste zählt zum „extensiven Lesen". Darunter versteht man das Pflicht-Lesen von mehreren vorgegebenen Titeln innerhalb eines festgelegten Zeitraumes in Eigenverantwortung der Jugendlichen.

Die Überprüfung der Lesetätigkeit ist mit Antolin.de einfach und schnell möglich:
- Anhand der von den Schüler/-innen zu den Titeln beantworteten Fragensätzen kann die Lehrkraft mit der Leseliste auf einen Blick die Lesetätigkeit der Klasse überschauen.
- Die Schüler/-innen sehen auf ihrer persönlichen Startseite den aktuellen Stand ihrer Leseliste und (wenn von der Lehrkraft vorgegeben) das Datum, bis zu dem die Bücher gelesen werden sollen.
- Die Lehrkraft hat die Möglichkeit, über die Postbox Erinnerungsnachrichten an die Schüler/-innen zu verschicken.

Hinweis: Es können auch Lehrwerkstexte – nicht jedoch ganze Lehrwerke – in die Leseliste mit aufgenommen werden.

Vorschläge für Leselisten von Klasse 1 bis Klasse 5:

Klasse 1

He, kleine Ameise! (Baumhaus)

Laterne, Laterne – Mick und Mo im Weltraum (Oetinger)

Leserabe – Der verhexte Schulranzen (Ravensburger)

Lesespatz – Die Buchstabenhexe im Klassenzimmer (Loewe)

Winnie Weile sehr in Eile (Anette Betz)

Klasse 2

Der Bücherbär, LeseProfi – Die geheimnisvolle Kiste (Arena)

Die seltsame Alte (Nilpferd)

Laterne, Laterne – Paula auf dem Ponyhof (Oetinger)

Leserabe – Der Wunsch-Bruder (Ravensburger)

Leserabe – Finchen, die Zaubermaus (Ravensburger)

Klasse 3

Das magische Baumhaus – Abenteuer in der Südsee (Loewe)

Der Bücherbär, LeseProfi – Ein geheimnisvoller Schulausflug (Arena)

Pettersson kriegt Weihnachtsbesuch (Oetinger)

So lebten die Ritter (Premio)

Sonne, Mond und Sterne – Pony Fleck und der Pferdeflüsterer (Oetinger)

Klasse 4

Bibi und Tina: Voll verhext! – Das Buch zum Film (SchneiderBuch)

Ostwind: Zusammen sind wir frei (cbj)

Die drei ??? Kids: Diamanten-Diebe (Kosmos)

Meine Freundin Conni: Conni und der Liebesbrief (Carlsen)

Die Schule der magischen Tiere (Carlsen)

Klasse 5

Gregs Tagebuch: Von Idioten umzingelt (Baumhaus)

Ronja Räubertochter (Oetinger)

Hanni und Nanni – Das Buch zum Film (SchneiderBuch)

Tom Gates: Wo ich bin, ist Chaos (dtv Junior)

Rico, Oskar und die Tieferschatten (Carlsen)

Onilo.de • zusammen mit dem Lehrer Bücher lesen und erleben

Um sich die Welt zu erschließen, um sich im Alltag orientieren zu können, bedarf es der Schlüsselqualifikationen. Lesenkönnen ist eine der wichtigsten. Sie ist Voraussetzung zum Lernen, zum Bildungserwerb und zur Ausschöpfung aller beruflichen Möglichkeiten. Nicht zuletzt hat Lesen entscheidenden Anteil an der Persönlichkeitsentwicklung.

Genauso vielfältig wie die Folgewirkungen des Lesens sind die Wege, die dorthin führen. Sie stehen in engem Zusammenhang mit der Lehrperson: ihrem Einfühlungsvermögen, ihrem Engagement, ihrer Fantasie und ihrem Können. Ebenso beeinflussen diesen Lernprozess die zur Verfügung stehenden Lehrmittel; nicht zuletzt aber auch die Zeit, in der dieser stattfindet.

Unbestritten ist: Der Lesestart oder die Hinführung zum Buch findet im familiären Umfeld statt. Das Vorhandensein von Büchern, die Betrachtung lesender Erwachsener, die Wertschätzung der Bücher, die Gespräche über Bücher, der Besuch von Buchhandlungen und Bibliotheken, alles das prägt die Kinder. Die Eltern beeinflussen also indirekt ihre Kinder auf vielfältige Weise. Eine Methode dürfte erziehlich-pädagogisch allen anderen überlegen sein: das Vorlesen. Stellen wir uns folgende Situation vor: Eine Mutter/ein Vater sitzt mit ihrem/seinem Kind auf der Couch, in den Händen ein Bilderbuch. Bei kuscheliger Nähe zur Mutter/zum Vater, bei deren vertrauter, Geborgenheit ausstrahlender Stimme erlebt das Kind Geschichten. Diese erfordern rationales Mitdenken, erlauben aber auch emotionale Reaktionen. Spannung, Höhepunkt sowie Freude über den Sieg des Helden werden von den Eltern miterlebt, die Buch-Charaktere gemeinsam beurteilt und eingeordnet. Eine intensivere, emotional positivere Erziehung zum Lesen und zum Buch als diese Ur-Situation des Lesens erscheint schwer vorstellbar.

Im Laufe des Heranwachsens zeigt sich das Kind zunehmend in der Lage, eine Geschichte alleine zu bewältigen. Es greift selbstständig nach Büchern. Diese Möglichkeit muss ihm auch gegeben werden, schließlich ist Lesen in erster Linie ein höchst individueller Prozess.

Der Übergang erfolgt jedoch nicht abrupt. Er vollzieht sich mal langsamer, mal schneller. Die Erfahrung zeigt, dass die Kinder im Grundschulalter es durchaus noch als wohltuend empfinden, wenn der Lehrer/die Lehrerin zusammen mit ihnen – wie einst die Mutter/der Vater auf der Couch – ein Buch liest und erlebt: mit allen Möglichkeiten des Nachfragens, des Klärens von Wörtern und Situationen, des Abschweifens, des Einbringens von eigenem Wissen und Erfahrungen, von emotionalen Äußerungen. Hier kann die Ursituation des Lesens noch nachschwingen.

Doch das gemeinsame Lesen und Erleben eines Buches scheitert in der Regel an den Unzulänglichkeiten des realen Alltags. Wie soll eine Lehrkraft bei 25 Kindern mit nur einem Buch den Zauber eines solchen Bilder-Geschichtenerlebnisses realisieren? (Eine größere Anzahl an Büchern ist aus Kostengründen schon nicht möglich.)

Sie könnte das Buch vorlesen und zwischendurch immer wieder einmal die entsprechenden Bilder herzeigen. Nichts sei gegen das Vorlesen generell gesagt, doch der oder die Vorlesende muss sich stets bewusst sein, dass seine/ihre vor ihm/ihr sitzenden Schüler/-innen mit den modernen Medien der heutigen Zeit vertraut sind. Mit deren Bildkraft, der Farbigkeit, den Bewegungen, dem Perfektionismus muss er – ob er will oder nicht – konkurrieren. Der Vergleich erfolgt unbewusst, doch er ist da.

Onilo, das im Februar 2011 eröffnete Internet-Leseprogramm, greift nun genau diese Situation auf und versucht, die Ur-Situation des Mutter/Vater-Kind-Lesens auf der Couch nachzuempfinden – mit den Mitteln der heutigen Zeit.

Eine Original-Bilderbuchgeschichte ist bei Onilo in ein digitales Medium verwandelt. Die Figuren sind hierbei teilanimiert, ausgesuchte Details gezoomt, manche Aspekte durch Spots hervorgeholt. Die hierbei verwendete Programmiertechnik ist „Flash" von Adobe, ein System, das sich bei Internetdarstellungen weltweit bestens bewährt hat.

Die Original-Texte werden in „Lesehappen" ein- und ausgeblendet, passend zur Geschichte, passend zum Bild, eine Lesemenge, die für Kinder leicht zu schaffen ist und Lust auf mehr produziert.

Für die Schüler gleitet die Story nahezu wie ein Film vorbei. Es ist die Mediensprache, die sie verstehen.

Die Boardstories, wie die medial aufbereiteten Bücher mit hohem Bildanteil bei Onilo genannt werden, kommen über das Internet und werden im Klassenzimmer entweder über Laptop und Beamer großformatig an die Wand projiziert oder – zeitgemäßer – über das interaktive Whiteboard den Schüler/-innen präsentiert. Als große Überraschung darf folgende Beobachtung gesehen werden: So manche Szene, so mancher Satz erfährt durch die Gestaltungsmöglichkeiten des neuen Mediums eine so starke Eindringlichkeit und Wirkung auf die Schüler, die das Buch nie erreicht.

Wie Grundschüler auf diese großformatige, lebendige, kräftige, zumeist farbige Bilderwelt reagieren? Sie sitzen mit offenen Augen und Ohren davor und verschlingen die Geschichte. Sie sind regelrecht gebannt. Immer wieder ein neues Farben-Szenario, kurze, leichte Texte, Bild und Text im Dienste der Dramaturgie, aufmunternde Animationen, spärlich und dezent, um die Lese-Konzentration nicht zu gefährden. Der leicht abgedunkelte Raum sowie die Ausrichtung auf das große, teilbewegte Bild fördern die Aufmerksamkeit, die gezielt auf einen überschaubaren Vorgang gelenkt wird. Jedes Zuviel an Information wird bewusst vermieden.

Der Text sollte von den Schüler/-innen erlesen werden (wenn Onilo als Leseförder-Instrument eingesetzt wird. Ebenso gut möglich: das Vorlesen der Lehrkraft), portionsweise, der Lern- und Verstehens-Geschwindigkeit der Schüler/-innen angepasst. Hier ist die Lehrkraft gefragt, ihre geschulte Begleitung unerlässlich.

Mag für die Kinder die Präsentation einer Onilo-Story (= medial aufbereitetes Buch) auch einem Film nahekommen, objektiv gesehen trifft dies nicht zu. Die Lehrkraft liest die Geschichte / das Buch / die Boardstory in lebendiger Gemeinschaft mit den Kindern. Sie bleibt Lehrer/-in – in ihrer ureigenen Funktion als Wissensvermittler/-in *und* Erzieher/-in. Mit dem Lesen untrennbar verbunden vollzieht sich das Sprechen über die Personen und deren Handlungsweisen. Schüler/-innen zeigen sich von der Story – vielleicht – berührt und ordnen den Gehalt des Ganzen in ihr Wertesystem ein.

Die Lehrkraft entscheidet bei Onilo per Knopfdruck über Anhalten und Fortgang der Geschichte. Sie gibt Impulse, klärt, wenn nötig, Begriffe und Szenen, und stellt den Transfer her. Ebenso lässt sie Diskussionen zu, akzeptiert Schülermeinungen und Erfahrungen der Kinder. Die Schüler/-innen wissen um die Anwesenheit der Lehrkraft. Im Schutzraum des Klassenzimmers dürfen sie – von der Geschichte ausgelöst – Fragen stellen und sich emotional äußern. Dies ist vor allem bei Büchern wichtig, die Themen aufgreifen, die noch vor einigen Jahren als tabu galten: sexueller Missbrauch, Sterben, Tod, Krankheiten wie zum Beispiel Demenz oder Krebs.

Hier ist die Lehrkraft mit ihrer Persönlichkeit, ihrer Lebenserfahrung und ihrem pädagogischen Gespür angesprochen. Hier ist der Raum, in dem sie wichtige Hilfestellung für die Formung der Persönlichkeit geben kann. Das große Motto, das Onilo vertritt, lautet: *Bücher gemeinsam (Lehrer/-innen und Schüler/-innen) lesen und erleben.*
Ein schlichter Satz. Dahinter aber verbirgt sich Tiefe: Lebendigkeit, Hilfestellung, Offenheit, Mut, Wertschätzung. Aus diesem Erleben heraus nähert sich der Lehrer/die Lehrerin hoffend dem anvisierten Ziel: „Freude am Buch – Freude am Lesen".

Auch folgender Gedanke spielt eine Rolle: Erreicht man bei Kindern deren emotionale Ebene, so dürfte der Erfolg sicher sein. Man darf annehmen, dass die große Leistung von Onilo darin liegt, die Bücher den Kindern auf emotionale Weise nahezubringen. Nicht die Ratio dürfte beim Lesen einer Boardstory im Mittelpunkt stehen, sondern Gefühle und Leidenschaften. Verantwortlich für das Entstehen dieser Emotionen sind die Bildkraft sowie die Ästhetik der Bilderbuch-Illustrationen; des Weiteren sind die generelle Heil-Wirkung von Geschichten, die Nähe der Lehrkraft und das Gemeinschaftserlebnis zu nennen. Das Fehlen jeder Ablenkung (z. B. durch leichte Verdunkelung) verstärkt das Ganze beträchtlich.

Wir alle wissen, dass die Kinder heute aus einer starken Bild-Umwelt kommen. Onilo greift genau diese Erfahrung auf. Es holt die Schüler/-innen dort ab, wo sie sich gerade befinden. Anders ausgedrückt: Onilo setzt am Puls der Zeit an und führt die Kinder auf ungewöhnliche Weise zurück zum gedruckten Buch.

Methodische Wege in Onilo

a) Art und Weise der Präsentation der Boardstories

Jede Boardstory erscheint in zwei Variationen:

Als **Teilversion**, die bis zum Höhepunkt führt, dann aber abbricht und auf das Buch verweist. Der Hintergedanke: Die Schüler/-innen sollen nicht zu Computer und Fernsehen hingeführt werden, sondern zum Buch. Die Lehrkraft sollte also zumindest ein

Buch-Exemplar der Boardstory, die sie mit ihren Kindern liest, im Klassenzimmer haben, um den Kindern die Möglichkeit zu geben, das Buch zu Ende zu lesen. Des Weiteren gibt ihr diese Version die Möglichkeit, den Schüler/-innen einen eigenen Schluss finden zu lassen: mündlich oder auch schriftlich. Die Vorteile einer anschließenden Aufsatzerziehung liegen u. a. darin, dass die Schüler/-innen den Handlungsverlauf, die Festlegung der Figuren, aber auch den Wortschatz bereits parat haben und darauf zurückgreifen können.

Als **Voll-Version.** Eine Boardstory kann mehrere Male mit den Kindern im Unterricht gelesen werden. Gute Geschichten werden, wie man weiß, von den Kindern immer wieder mit Freude aufgegriffen. Hier empfiehlt sich die Vollversion.

b) Mitgeliefertes Arbeitsmaterial

Zu jeder Boardstory gibt es passgenaue, leistungsdifferenzierte, variationsreich gestaltete *Arbeitsblätter*, die als Anschlussarbeiten bzw. als Hausaufgabe angeboten werden können.
Wer ein interaktives Whiteboard besitzt, kann nach dem Lesen einer Boardstory mit den Schülern und Schülerinnen auch eine Reihe unterhaltsamer interaktiver Übungen zur Geschichte an der Tafel machen. Die Aufgaben sind als Wiederholung des Inhalts, als Weiterführung und als Transfer-Übung konzipiert.
Auch Sachunterrichtsthemen, wie zum Beispiel „Ritter und Burgen", „Wald" oder „Feuerwehr" lassen sich auf diese Weise sehr gut darstellen und mit den Kindern bearbeiten.

c) Onilo als Plattform für eigene Arbeiten

Onilo bietet der Lehrkraft die Möglichkeit, eigene Texte hochzuladen. Das können zum Beispiel Tipps im Umgang mit den Boardstories sein, eigene Arbeitsblätter oder Stundenentwürfe; aber auch von Schülern entworfene Bilder-Geschichten oder Texte (eigener Schluss), die vielleicht im Anschluss an eine Boardstory entstanden sind.

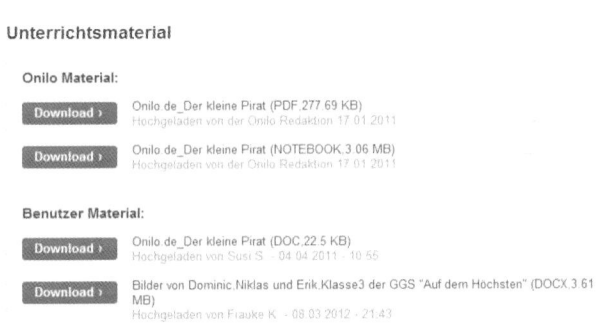

d) Individuelle Arbeit mit dem Schülercode

Die Lehrperson hat die Möglichkeit, für jede Boardstory einen Schülercode zu erzeugen. Gibt er diesen an die Schüler/-innen weiter, so können diese – für den Zeitraum einer Woche – die jeweilige Boardstory zu Hause auf dem Home-PC, Laptop oder auf dem Tablet-Computer in voller Länge noch einmal oder öfter lesen. Dies kann zum Beispiel als Lese-Hausaufgabe verstanden werden. Nach einer Woche erlischt die Wirkung eines Schülercodes. Er kann jedoch für jede Boardstory erneut generiert werden.

Ebenso lässt sich der Schülercode für das Partnerlesen im Unterricht einsetzen. Der Lehrer oder die Lehrerin gibt den erzeugten Schülercode an die Lesepartner (z. B. ein schwacher und ein starker Leser) weiter und bittet die Kinder an Einzel-PCs anhand der jeweiligen Boardstory das (halb-)laute Lesen zu üben.

e) Onilo im Sachunterricht

Der Sachunterricht ist das Fach, in dem sich die Schüler/-innen nach Möglichkeit selbstständig (oder in Gruppen) handelnd und forschend neue Stoffe aneignen sollen. Hier dürfen sie sich in Gruppen- oder Partnerarbeit messen, Versuche durchführen, erproben, Ergebnisse festhalten, nachschauen, vergleichen, sich informieren, interviewen usw.

Der didaktische Ort „Onilo" kommt hier tatsächlich erst an zweiter Stelle. Nicht alle Themen kann man sich im Unterricht in forschender Weise aneignen. Hierzu hat man nicht die Zeit, insbesondere bei sehr umfangreichen Themen („Wald", „Ritter und Burgen"). Hier kann Onilo viel leisten, ebenso wenn es um die Zusammenfassung des Stoffes oder um die Wiederholung geht. Da die Stoffmenge groß ist, bietet sich das Nacharbeiten / Nachlesen einzelner Kapitel an, die in Onilo separat angesteuert werden können.

f) Onilo für Leseanfänger, für langsame Leser, Fördergruppen …

➤ **Lesen nach Silben**

Für manche Schüler/-innen, insbesondere für solche, die Probleme beim Lesen und Schreiben haben, eignen sich Lesetexte mit farbigen Silbenmarkierungen besonders gut. Onilo bietet spezielle Boardstories nach der Silbenlesemethode an.

➤ **Einzelne Wörter werden durch Vignetten ersetzt**

Seit Sigrid Heucks *Pony, Bär und Apfelbaum* (1977) bedienen sich viele Bücher für Leseanfänger der Methode, Schlüsselbegriffe durch eine Illustration darzustellen. Auch einige Boardstories greifen diese Idee auf, da sie insbesondere beim Einsatz von interaktiven Whiteboards die Kinder, gerade auch die Leseanfänger oder die langsamen Leser zu motivieren versteht. (Berührt man auf dem interaktiven Whiteboard einen illustrierten Schlüsselbegriff, springt dieser in ein geschriebenes Wort um.)

➤ **Deutscher und türkischer Text**

Für Schulen mit deutsch-türkischem Zweig oder für Klassen mit hohem Migrationsanteil wurden in Onilo zweisprachige Boardstories (deutsch/türkisch) entwickelt. Man darf davon ausgehen, dass das Selbstwertgefühl der türkischen Schüler/-innen durch Lese-Aktionen mit zweisprachigen Boardstories steigt. Ergänzend dazu gibt es auch hier die Arbeitsblätter in deutscher und in türkischer Sprache.

➤ **Geschichte mit Soundeffekten**

Es mag zur Abwechslung oder für einen bestimmten Anlass durchaus sinnvoll sein, eine Boardstory mit Soundeffekten zu erleben, der dichteren Atmosphäre wegen oder einfach nur aus Spaß an der Sache. Freilich sind die Hintergrundgeräusche ein- und ausschaltbar.

g) Englische Boardstories

Seit Jahren lernen die Schüler/-innen fast überall auf der Welt Englisch von der Grundschule an. Dies ist der Bedeutung dieser Lingua franca unserer Zeit geschuldet. Ein Mensch des 21. Jahrhunderts kommt, ohne zumindest Grundkenntnisse in dieser Sprache zu haben, nicht mehr aus. Onilo greift auch diese Lehrplanvorgabe mit einer respektablen Anzahl von englischen Boardstories mit Native Speakers auf.

h) Aufbereitenfunktion

Mit diesem Tool lassen sich die Boardstories personalisieren. Damit eröffnen sich neue Möglichkeiten für die Arbeit am Text. Hiermit lassen sich Notizen in bestehende Boardstories einfügen, Gedanken oder Impulse für den Unterricht aufschreiben oder Fragen der Kinder notieren. Mit ausgeblendeter Textzeile können die Schüler/-innen eigene Texte schreiben, ihre Ideen vergleichen, besprechen, überarbeiten. Des Weiteren können Kommentare zu der Handlung aufgeschrieben werden oder Mutmaßungen über den weiteren Verlauf geäußert werden.

Eine Lehrerin (2. Klasse) schreibt hierüber:

> Jede Boardstory bietet in Thema, Sprache und Illustration ihr ganz charakteristisches Profil, das sich für die spezielle Aufbereitung in gewählter Form und passend zur Zielsetzung im Unterricht besonders gut einsetzen lässt.

> Die Arbeit an unserer ersten Boardstory mit Aufbereitungsfunktion „Komm bald wieder, Lars" hat meinen Schülern und Schülerinnen sowie mir sehr viel Spaß gemacht. Die Kinder waren noch stärker motiviert als sonst und arbeiteten konzentriert an eigenen Formulierungen für schwierige Begriffe und an Kommentaren zur Handlung.

> Das erneute Lesen der selbst geschriebenen Texte auf dem Bildschirm verstärkte ihre Bindung zum Text deutlich. Sie waren jetzt selbst Autoren, waren zu ihrem Lars ins Buch und in die Geschichte hineingeschlüpft. Eine tolle Erfahrungen für uns alle!

i) Die große Vielfalt

Die Boardstories sind so unterschiedlich wie das Leben selbst. Ihre Vielfalt lässt sich den einzelnen Schulfächern Deutsch, Englisch, Sachunterricht und Religion/Ethik zuordnen. Die Themen reichen von lustig/unsinnig bis ernst/nachdenklich. Letztere bieten in der Regel viel Diskussionsstoff.

Onilo stellt – neben Antolin – einen weiteren, eigenständigen Zugang zum Lesen dar. Dieser vom Bild her kommende, motivierende, die Klasse mit der Lehrkraft als Gemeinschaft ansprechende Ansatz greift Befindlichkeiten und Bedürfnisse unserer Schüler auf. Hier werden die Schüler/-innen akzeptiert, wie sie sind. Man holt sie dort ab, wo sie sich befinden, und führt sie über das digitale Medium zu den Büchern und den darin enthaltenen Geschichten und Texten.

Schließlich darf sich die Lehrperson noch aus einem weiteren Grund über Onilo freuen: Onilo bietet ihr nicht nur einen Weg für motivierende, den Erfolg garantierende, jederzeit einsetzbare Lese- und Literaturstunden, es nimmt ihr auch beträchtlich Arbeit ab. Ihre Unterrichtsvorbereitung reduziert sich auf ein Minimum, es ei denn, sie entscheidet sich bewusst für ein ganz spezielles Projekt.

Onilo wird nach einer Idee und unter Mitarbeit von Albert Hoffmann, Rektor i. R. und Herausgeber von Antolin, vom Kinder- und Jugendbuchverlag Oetinger, Hamburg, betrieben. Oetinger bietet anderen Verlagen an, ihre Bücher ebenfalls in Onilo zu präsentieren.

Die Onilo-Titel

Folgende Boardstories sind momentan die Top 22 in der Beliebtheitsscala der Lehrer/-innen, die Onilo.de nutzen:

- Die kleine Hexe geht auf Reisen
- Käpten Knitterbart und seine Bande
- Jacob, der Superkicker
- Gespenster gehen auch zur Schule
- Max und das Murks
- Mimi will auch ans Meer
- Wo wächst der Pfeffer?
- Die Olchis und das Piratenschiff
- Der wildeste Bruder der Welt
- Der kleine Pirat
- Geh nie mit einem Fremden mit
- Die neugierige kleine Hexe
- Kleiner schrecklicher Drache
- Josef Schaf will auch einen Menschen
- Ab heute sind wir cool
- Der verlorene Wackelzahn
- Prinzessin Anna oder wie man einen Helden findet
- Das kleine Pony wird groß (Sachbuch)
- Die Olchis aus Schmuddelfing
- Ich und meine wilde Schwester
- Julian geht auf Weltreise
- Lukas und Felix werden Freunde

Onilo.de hat prominente Autoren und Autorinnen:

- Hans Christian Andersen
- Hans de Beer (Lars)
- Kirsten Boie
- Erhard Dietl

- Willi Fährmann
- Paul Maar
- Sven Nordqvist (Pettersson und Findus)
- Christine Nöstlinger
- Marcus Pfister
- Ursel Schäffler
- Ingrid Uebe
- Elisabeth Zöller

Onilos „Leistungen" im Überblick

- Englische Titel (die bei Bedarf von Native Speakers vorgelesen werden)
- Alle englischen Titel gibt es auch in Deutsch
- Zweisprachige Titel Türkisch / Deutsch (Besagte Titel aber auch nur in Deutsch)
- Silben-Boardstories
- Wichtige Titel aus der WAS IST WAS-Junior-Reihe (Wald, Wetter, Indianer …)
- Jahreszeitlich-religiöse Geschichten (Weihnachten / Ostern)
- Märchen (vor allem von den Brüdern Grimm)
- Kunstmärchen: Die chinesische Nachtigall – Peter und der Wolf – Der Hase und der Igel
- Zu jeder Boardstory gibt es Arbeitsblätter (auch in englischer und türkischer Sprache)

Albert Hoffmann hat *Antolin.de*, *Onilo.de* und *Owlfinch.com (S. 16–21)* entwickelt. Um seine Ideen in die Breite bringen zu können, hat er sich bei *Antolin.de* mit dem Schulbuch-Verlag Schroedel/Westermann und bei *Onilo.de* mit der Verlagsgruppe Oetinger zusammengetan. Es gibt bei *Onilo.de* aber auch animierte (Bilder-)Buch-Geschichten von den Verlagen BAOBAB, b small publishing, Carlsen, Dressler, DU-MONT, EGMONT, ellermann, esslinger, Hase und Igel, Janosch Film & Medien, Jungbrunnen, Kindermann, Kindermedien Verlag, mixtvision, NordSüd, Ravensburger, Red Robin Books und Tessloff.

Owlfinch.com • lesen im partnerschaftlichen Ambiente

In Deutschland glaubten wir lange Zeit, die Leseunlust bei Kindern und Jugendlichen sei ein spezielles Problem unseres Landes. Weit gefehlt, inzwischen wissen wir: Mangelnde Lesefreude ist international. Ob Spanien, Polen, Norwegen, ja selbst die erfolgsverwöhnten finnischen Lehrer/-innen in den ländlichen Nordregionen klagen.

Nicht zuletzt über das groß angelegte EU-Schulpartnerschaftsprojekt „Comenius" wurde den Lehrkräften im europäischen Raum bewusst, wie sich Trends unter jungen Leuten länderübergreifend ausbreiten. Die mangelnde Bereitschaft der Schüler/-innen, zu Büchern zu greifen, ist ein Trend, die Sehnsucht nach Kontakten und Freunden, aber auch nach Selbstdarstellung ist ein anderer. Die modernen Kommunikationsmöglichkeiten haben diese psychischen Bedürfnisse längst aufgespürt und kommen dem über Tablet und Smartphone via Facebook und WhatsApp nach. Hindernisse aufgrund politischer, sprachlicher oder kultureller Grenzen? Das war einmal.

Das alles stellt exakt das geistig-gesellschaftspolitische Umfeld dar, in dem Owlfinch entstanden ist. Den konkreten Anstoß gab ein Comenius-Regio-Projekt zwischen deutschen und finnischen Schulen. Man wollte zum Lesen motivieren, sich hierbei – im Tun – kennenlernen, man wollte aus dieser Partnerschaft profitieren, auf irgendeine Weise *gemeinsam* zum Lesen finden. Die Erkenntnis, die hierbei gefunden wurde: Alleine zu lesen ist gut, Lesen im Kontakt zu anderen, anfangs noch fremden Schüler/-innen ist besser!

Das Produkt, das hierbei entstand, ist Owlfinch.com.

Owlfinch für Schüler

Hat ein Schüler bzw. eine Schülerin ein Buch gelesen, meldet er bzw. sie sich im Internet bei Owlfinch.com mit seinem Owlfinch-Login an. Sobald das Kind das Buch, das es soeben gelesen hat, aufruft, wird es mit einem anderen Schüler (der Partnerklasse / einer der Partnerklassen / seiner eigenen Klasse) verbunden. Während des Spiels ist der Partner oder die Partnerin noch geheim. Erst am Ende outet er bzw. sie sich.

Gut, wenn der Partner dieselben Fragen auch richtig beantwortet hat. Denn dann gibt es zu den Pluspunkten für die richtige Antwort noch einen „Teampunkt" dazu. Die Schüler/-innen arbeiten im Allgemeinen in ihrer Muttersprache. So kann ein polnischer

Schüler durchaus auf einen spanischen treffen. Kein Problem, das Programm verarbeitet beides. Allerdings können die Spanier oder die Polen oder beide gleichzeitig auch Fragensätze in englischer Sprache bearbeiten. Warum sollten sie das nicht tun, schließlich lernen beide Englisch in der Schule – und können sich auf diese Weise in der Fremdsprache erproben. Ideal ist es, wenn dasselbe Buch erst in der Muttersprache, anschließend in der Fremdsprache bearbeitet wird. Dieselben Fragen, ein zweites Mal vorgelegt (wenn auch in englischer Sprache) lassen sich dann leichter beantworten.

Lesespiele

Damit keine Langeweile aufkommt, sind die Fragensätze / Lesespiele sehr unterschiedlich gestaltet. In der Combo-Form enthalten sie:

➢ Richtig-falsch-Fragen

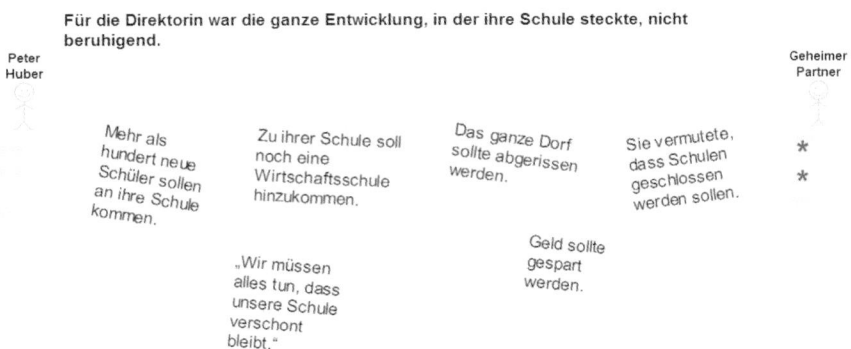

➢ Buchstaben-Einsetz-Fragen

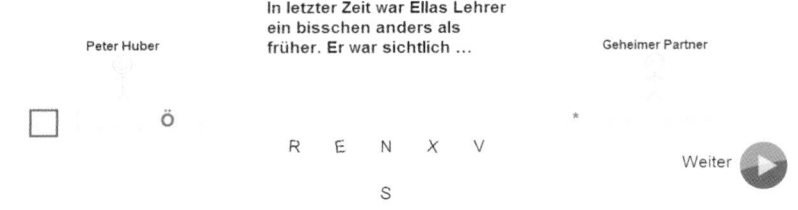

➢ Bild-Antworten

> Meinungsfragen

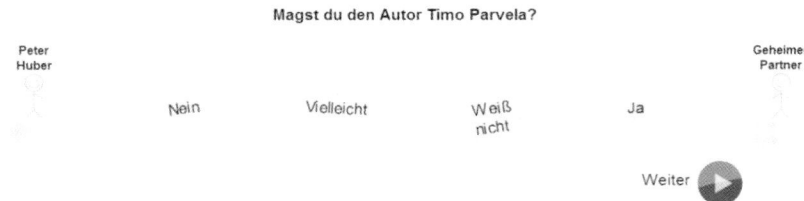

Grundsätzlich gibt es auf alle richtig beantworteten Fragen Punkte, eine Ausnahme bilden die Meinungsfragen: Bei unterschiedlicher Ansicht von Akteur und Partner gibt es keinen (Minus-)Punkt, aber bei übereinstimmender Ansicht schon. Partnerschaft bringt so einen „Mehrwert".

Schülerseite

Sie enthält Informationen über die Interessengebiete des jeweiligen Kindes, seine Leistungen im Lesen (via Owlfinch), die Partner im Allgemeinen und im Einzelnen sowie die Bücherliste, die bearbeitet werden kann: *(Sämtliche Namen sind fiktiv)*

Lehrerseite

Der Lehrkraft, deren Verkehrssprache in Owlfinch Englisch ist, obliegt es, einen oder mehrere Partner zu finden. Hat sie einen gefunden, z. B. über die in Owlfinch eingebaute „Partnersuche", verbindet sie beide Klassen mittels Connect-Code miteinander. In Absprache (per E-Mail) mit der Partnerlehrkraft legt sie die Bücher fest, die aus der Owlfinch-Bibliothek in die „Klassenbibliothek" übernommen werden. Idealerweise sollten die Bücher für beide Klassen identisch sein. Es spielt keine Rolle, in welcher Sprache die Bücher ausgewählt werden. Ein Titel kann der Klasse in zwei oder mehr Sprachen zur Verfügung gestellt werden.

Die Lehrperson sieht in einem **Diagramm** auf einen Blick die sich täglich ändernden Leseaktivitäten ihrer Klasse und der Partnerklasse(n). Allerdings nicht von einzelnen Kindern, sondern von der Klasse im Gesamten. Die Einzelleistungen der Schüler/-innen ihrer Klasse kann sich die Lehrkraft jedoch unter „Account" ansehen.

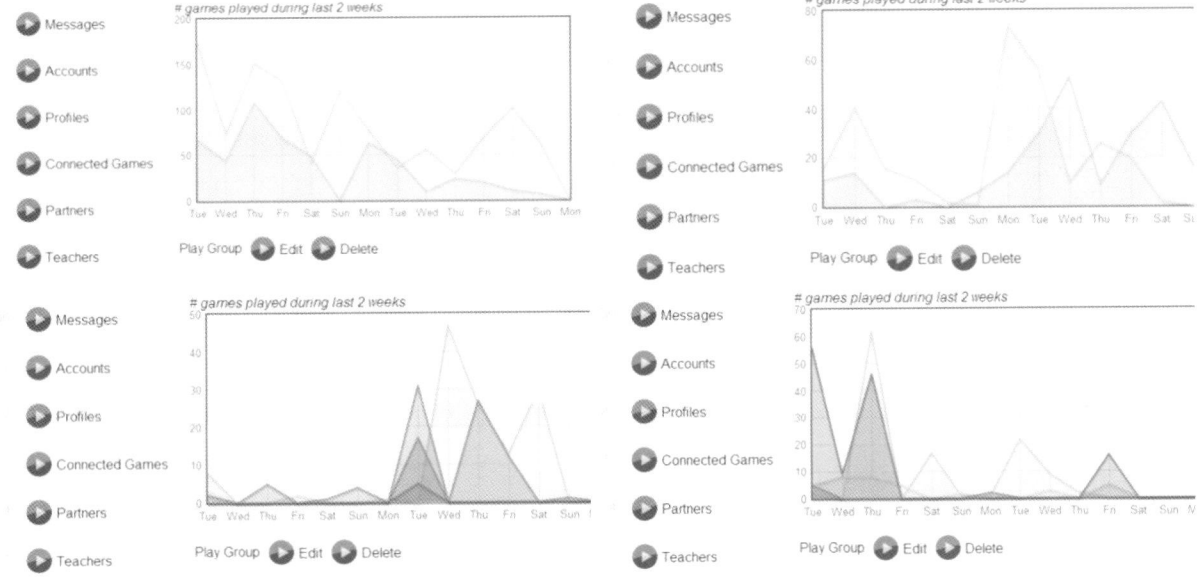

Neue Aspekte

➢ Benutzerführung und Lesespiele werden derzeit in 9 Sprachen angeboten: Englisch, Deutsch, Finnisch, Polnisch, Russisch, Spanisch, Türkisch, Slovakisch und Katalanisch. Weitere werden folgen.

➢ Owlfinch enthält im Augenblick mehr als 900 Lesespiele, nahezu täglich kommen weitere hinzu. Bevorzugt aufgenommen werden Bücher, die in mehreren Sprachen verfügbar sind.

➢ Owlfinch bietet den Schüler/-innen drei Lesespielarten: Neben dem Combo-Lesespiel (am häufigsten) finden auch reine Text-Lesespiele Verwendung. Manchmal ist es für die Schüler/-innen nicht notwendig, ein Buch vorher zu lesen: Die Lesespiele

EN ES DE
COMBO - Die Heinzelmännchen von Köln

EN PL ES DE
COMBO - Das magische Baumhaus (Bd. 4) - Der Schatz der Piraten

EN DE
COMBO - Das Haus in den Bäumen

EN RU DE
COMBO - Gregs Tagebuch 6 - Keine Panik!

RU CA FI EN PL ES DE
Die kleine Hexe

EN DE
Ich sag, du bist ein Bär

CA FI EN PL ES DE
Drachenreiter

EN DE
COMBO - Das magische Baumhaus (Bd. 23) - Das Geheimnis des alten Theaters

DE
COMBO - Wolkenbrot

DE
COMBO - Ab heute sind wir cool

EN ES DE
COMBO - Kleiner Eisbär komm bald wieder!

für ausgesprochene Sachthemen (zum Beispiel: Ritter und Burgen / Wald / Bauernhof / Wikinger) zielen auf das Allgemeinwissen ab. Kleine Illustrationen zu jeder Frage unterstützen hierbei die Lösungssuche.

➢ Jedes Lesespiel kann nur in Partnerarbeit gemacht werden.

➢ Ein Lesespiel kann mehrere Male gespielt werden, was vor allem für schwächere Leser oder für Schüler, die dies in einer Fremdsprache (Englisch) tun, vorteilhaft ist. Der spielende Schüler wird jedes Mal mit einem anderen Partner-Schüler verbunden.

➢ Jedes Kind kann, wenn es will, für seine Seite einen Avatar anfertigen.

Erfahrungen mit Owlfinch

➢ Die partnerschaftliche Anlage von Owlfinch enthält viel Pep und Abwechslung!

➢ Die Schüler finden es sehr spannend, mit einer zunächst fremden Klasse, die zunehmend vertrauter wird, zu spielen.

➢ Wird eine Klasse etwas lesemüde, wird es kurz darauf die andere auch. Wird die eine Klasse wieder munter, zieht die andere kurz darauf nach.

➢ Daher: Auch wenn bereits eine ganze Menge motivationaler Kraft in der Partnerschaft begründet liegt, ist dennoch das Engagement der Lehrkraft sehr förderlich; ihre Arbeit hält sich in organisatorischer Hinsicht in Grenzen.

- Der Lehrer / die Lehrerin hat viele Möglichkeiten, die Schüler zum Lesen mit Owlfinch.com zu ermuntern: ein Buch gemeinsam im Unterricht vorstellen, lesen; freie Lesestunde; Kooperation mit Bücherei …

- Eine gewisse Problematik stellen die benötigten Bücher dar. Hier empfiehlt es sich u. a., die jeweils anvisierten Bücher den Eltern bekannt zu geben. Manche Eltern kaufen sich diese Bücher dann selbst.

Tipps für Lehrer

- Eine überschaubare Zahl von Büchern freischalten (z. B. sechs bis acht)!

- Monatlich oder zweimonatlich weitere Bücher hinzuschalten!

- Alle Bücher, die zugeschaltet werden sollen, mit den Partnerlehrer/-innen absprechen!

- Auch englischsprachige Bücher aufnehmen!

- Nach einiger Zeit eine weitere Klasse hinzuschalten! Eine weitere Klasse könnte z. B. eine „exotische" Klasse (= weit entfernt / anderes Land / deutsche Auslandsschule) sein.

- Eine Partnerschaft kann (von vornherein) auch als zeitlich begrenzt vereinbart werden, z. B. für drei Monate; z. B. für bestimmte Bücher.

- In einem Schuljahr könnten zwei bis drei Partnerschaften gestartet werden.

- Im Rahmen einer gut laufenden Partnerschaft bieten sich möglicherweise weitere Aktionen an: Austausch von Briefen / Grußkarten / E-Mails oder, falls räumlich nicht zu weit voneinander entfernt: gemeinsamer Wandertag.

Weitere Informationen

- Owlfinch.com ging im Oktober 2013 ans Netz.

- Herausgeber: Albert Hoffmann (Albert Hoffmann ist auch Herausgeber von Antolin. de, in Zusammenarbeit mit dem Bildungshaus/Schulbuchverlag Schroedel-Westermann, Braunschweig; er ist Initiator von und Ideengeber für Onilo.de, in Zusammenarbeit mit dem Kinder- und Jugendbuchverlag Oetinger, Hamburg)

- Owlfinch.com ist noch kostenlos.

- Im Frühling 2015 arbeiteten ca. 40 Klassen grenzüberschreitend mit Owlfinch, u. a. eine Comenius-Projektgruppe, bestehend aus Schulen aus sechs Ländern (Gymnasien, Mittelschulen, Hauptschulen).

- Maria Turner (Lehrerin, Böblingen): „Großartig motivierende Leseübungen für unsere Schülerinnen und Schüler!"

Lesezündstoff.de • Leseförderung für hartnäckige Nichtleser

Eine Webseite, die sich NUR der Leseförderung der bildungs- und lesefernen Kinder und Jugendlichen widmet.

Ziel	Leseförderung von Kindern und Jugendlichen aus bildungs- und lesefernen Familien.
Methode	Lehrkräfte und andere Leseförderer, die mit der Zielgruppe der „Lesefernen" kleine (oder große) Erfolge errungen haben, lassen andere – Lehrkräfte, Buchhändler, Leseförderer – von ihren Erfahrungen profitieren.
Zielgruppe	In erster Linie Lehrkräfte, aber auch Buchhändler und Leseförderer allgemein.
Veranstaltungsort	www.lesezündstoff.de
Initiatoren	Heidemarie Brosche, www.h-brosche.de, Autorin. Gerhard Kälberer, www.editionzweihorn.de, Verleger. Dr. Jana Mikota, Universität Siegen, Schwerpunkt Literaturdidaktik und Kinder- und Jugendliteratur.

Warum Lesezündstoff?

Zahlreiche Kinder und Jugendliche haben es außerhalb der Schule kaum mit Lesevorbildern und Lesefreude zu tun, sie wachsen „lesefern" auf. Oft schafft es auch die Schule nicht, den Funken der Lesebegeisterung überspringen zu lassen.

Die Initiatoren sind der Überzeugung:

1. Auch bei diesen Jugendlichen kann der Spaß am Lesen ZÜNDen.

2. Es ist extrem wichtig, dass er es tut! Denn wenn nicht, verlassen sie die Schule mit der Überzeugung: Lesen macht null Bock!

Für Lehrer und andere Leseförderer ist es aber überaus schwierig, passenden LeseZÜNDstoff zu finden. Deshalb haben Heidemarie Brosche, Gerhard Kälberer und Dr. Jana Mikota diese Seite ins Leben gerufen. Im Gegensatz zu den vielen bereits vorhandenen Leseförderungsseiten sollen hier NUR Aktionen vorgestellt werden, die sich mit der Klientel der „LESEFERNEN" in der Praxis bewährt haben.

Wer tut was?

1. Lehrkräfte und andere Leseförderer im deutschsprachigen Raum, die mit der Zielgruppe der „Lesefernen" kleine und größere Erfolge errungen haben, informieren die Initiatoren über Aktionen – Klassenlektüre und andere Leseförderungsaktionen –, mit denen in IHRER KLASSE oder LERNGRUPPE der Spaß am Lesen zündete. Hierzu dient das entsprechende Formular.

2. Diese Aktionen werden auf www.lesezündstoff.de vorgestellt.

3. Interessierte Lehrkräfte, Leseförderer, Eltern und Buchhändler profitieren von diesen Erfahrungen.

4. Wer mag, kann die Empfehlungen kommentieren.

Hintergrundinformationen

Heidemarie Brosche, Autorin von Kinder-, Jugend- und Sachbüchern (www.h-brosche. de) und Teilzeit-Lehrerin an einer bayerischen Hauptschule (die dort Mittelschule heißt) ärgert sich seit Jahren, weil in ihren Augen sehr viel Geld und Mühe in die Leseförderung der Kinder des Bildungsbürgertums fließt. Viel dringlicher scheint ihr die Leseförderung der Kinder und Jugendlichen aus lesefernen Familien.

Gerhard Kälberer, Verleger, edition zweihorn (www.editionzweihorn.de), fand ihr Anliegen so überzeugend, dass er diese Website ins Leben rief.

Dr. Jana Mikota, Studienrätin im Hochschuldienst, Universität Siegen, Schwerpunkt Literaturdidaktik und Kinder- und Jugendliteratur, zugleich begeisterte Leserin und Rezensentin von (Kinder- und Jugend-)Literatur, wünscht sich, dass auch leseferne Kinder und Jugendliche Freude an Literatur bekommen. Daher möchte sie gerne in Buchempfehlungen Romane und Sachbücher vorstellen, um Lehrern und Lehrerinnen einen Einblick in die Vielfalt der Kinder- und Jugendliteratur zu geben und sie zu ermutigen, Kindern und Jugendlichen neuere Werke zu empfehlen.

Interview mit Stefan Gemmel

Leseförderung kann auf unterschiedlichste Weise an den unterschiedlichsten Orten stattfinden.

Aber: Muss es gleich ein riesiger Weltrekord sein, Herr Gemmel?

Der Kinder- und Jugendbuchautor Stefan Gemmel ist vor allem wegen seiner oft originellen und ungewöhnlichen Leseförder-Projekte bekannt geworden. Vielfach wurde er ausgezeichnet – oft auch gemeinsam mit den Schulen, mit denen er Literatur-Projekte durchführte. 2012 schaffte er, gemeinsam mit der Leserattenservice GmbH sowie über 5.400 Kindern und Jugendlichen, einen Eintrag ins Guinness-Buch der Rekorde©, als alle gemeinsam in Koblenz die „Größte Lesung eines Autors" auf die Beine stellten. Und dies soll, laut Stefan Gemmel, nicht der letzte Weltrekord in Sachen Leseförderung bleiben.

Für uns ein Grund, einmal kritisch nachzuhaken.

Stefan, Lesen ist ja eigentlich eine sehr intime, ruhige, ja kuschelige Angelegenheit. Wie kommt man auf die Idee, eine Lesung mit über 5.400 Zuhörern zu veranstalten?

St. G.: Immer wieder hört man das Vorurteil, Kinder interessieren sich entweder für den Sport oder für die Welt der Bücher. Und das stimmt nicht. Es gibt viele Kinder, die sich neben zahlreichen anderen Hobbys die Zeit für die Literatur nehmen. Wir wollten einfach beweisen, dass dies möglich ist. Man kann zum Beispiel den Sport (also den Rekordgedanken) mit dem Lesespaß verknüpfen.

Gibt es eine Art Nachweis, dass dies bei Ihrem Weltrekord funktioniert hat?

St. G.: Ja, tatsächlich hat eine Studentin aus Koblenz in ihrer Facharbeit nachweisen können, dass dieses Erlebnis der riesigen Menge an Menschen, die sich allesamt gleichzeitig der Literatur widmen, einen nachhaltigen Eindruck bei sehr vielen Kindern und Jugendlichen hinterlassen hat.

Zudem erreichen mich sogar heute noch, Jahre nach dem Weltrekord-Tag, Briefe und Mails von Kindern, die sich bedanken für diesen ungewöhnlichen Impuls bzw. denen es wichtig ist, mir ihren persönlichen Eindruck dieses Tages zu schildern.

Also ist es im Sinne der Leseförderung notwendig, solche Massen-Veranstaltungen zu organisieren?

St. G. (lacht): Nein, ganz gewiss nicht. Eine innige, kleine Leserunde in der Schule kann ebenso bleibende Eindrücke hinterlassen und in Kindern den Spaß am Buch wecken oder erhalten wie eine gigantische Großveranstaltung.

Worauf kommt es also an? Was ist Ihrer Meinung nach der Schlüssel zur guten, intensiven, nachhaltigen Leseförderung?

St. G.: Das Feld der Leseförderung ist überaus breit und bietet unendliche Möglichkeiten, die Kinder und Jugendlichen zu erreichen. Und doch denke ich, dass es ein ganz wichtiges, ein entscheidendes Element gibt. Etwas, das sozusagen das Herzstück guter Leseförderung darstellt: Die Authentizität.

Meiner Meinung nach ist es egal, ob man beim Vorlesen sitzt und ruhig spricht oder aber sehr aktiv, fast schauspielerisch die Geschichte darstellt. Es ist egal, ob man mit den Kindern dazu singt, malt oder kleine Szenen aus einem Buch nachstellt. Wichtig ist, dass die Zuhörer erleben, wie wichtig dem Vortragenden die jeweilige Geschichte bzw. das jeweilige Buch ist.

Die Zuhörer mögen es, wenn sie einen Bezug erkennen zwischen dem Vorleser oder Projektleiter und eben dem Buch, das vorgestellt oder mit dem gearbeitet wird. So könnte zum Beispiel eine ältere Dame, bevor sie mit dem eigentlichen Vorlesen beginnt, kurz berichten, wie dieses Buch in der Vergangenheit vielleicht dafür sorgte, dass sie sich nach langem Streit mit ihrer Mutter versöhnt hatte. So baut sie zwischen sich und den Kindern eine gemeinsame Beziehung zu dem Buch auf. Die Kids möchten nun beides erfahren: die Geschichte des Buches und die Basis für das Erlebnis, von dem die Dame erzählt hatte.

Oder wenn ein Autor, kurz bevor er zum Beispiel eine Drachengeschichte zu lesen beginnt, ein Lied mit den Kindern singt, in dem von der Angst vor Drachen die Rede ist, so werden die Kinder tiefer in die Handlung hineingesogen werden, als wenn nur schlicht gelesen wird. Denn es wurde eine emotionale Beziehung geschaffen und die Kinder erwarten nun gespannt, wie sie mit den geweckten Gefühlen umgehen können. Sie möchten nun dem Drachen der Geschichte entgegentreten.

Ich denke, wenn man dem Vorleser oder dem Projektleiter anmerkt, wie sehr sein Herz am Buch, am Projekt oder an der Literatur generell hängt, dann ist es gleich, ob er mit zwei Zuhörern dasitzt oder mit über 5.000.

Davon bin ich überzeugt.

Autoren-, Illustratoren- und Leseförderer-Verzeichnis

Diese Autoren-Liste ist eine Sammlung von Autor/-innen von Kinder- und Jugendbüchern, von Illustrator/-innen sowie von Leseförderern jeglicher Couleur. Sie erhebt selbstverständlich keinen Anspruch auf Vollständigkeit.

Arold, Marliese • Schwabenstraße 5 • 63906 Erlenbach a. Main
Tel.: 09372/71724 • Marliese.Arold@t-online.de • www.marliese-arold.de
Kinder- und Jugendbuchautorin, Pseudonym Andrea Adler

Aydogan, Ruhsar • Rosenstraße 4 • 72636 Frickenhausen
Thema Migration • Mitglied im Verein für Leseförderung e.V.

Baake, Thommi • Rheinstraße 8 • 30519 Hannover
Tel.: 0511/2716360 • ahoi@thommibaake.de • www.thommiskinderkiste.de
Seine Kinderbücher begeistern Kinder und Erwachsene wegen ihrer Fantasien.

Babendererde, Antje • Liebengrün Nr. 107 • 07368 Remptendorf
Tel.: 036640/27746 • antje.babendererde@t-online.de • www.antje-babendererde.de
Autorin (u. a. bei Arena)

Bachmann, Daniel • Kniebisstraße 27 • 77728 Oppenau
Tel.: 07804/532307 • bachmann@salzundpfeffer.de
Schriftsteller • Mitglied im Verein für Leseförderung e.V.

Beyerlein, Gabriele • Mühltalstraße 137 • 64297 Darmstadt
Tel.: 06151/293407 • Fax 06151/954836 • gabriele.beyerlein@googlemail.com • www.gabriele-beyerlein.de • www.facebook.com/gabriele.beyerlein.autorin
Historische, fantastische und realistische Kinder- und Jugendbücher

Boie, **Kirsten** • über Assistentin Maren Strobel, Weidenallee 51, 20357 Hamburg
Tel.: 040/52550146 • buero@kirsten-boie.de • www.kirsten-boie.de
Kinder- und Jugendbuchautorin

Benke-Bursian, Rosemarie • Tulpenweg 10 • 82327 Tutzing
Tel.: 08158/9643 • rosemariebenke@web.de
Kinderbücher, leitet kreative Kinderschreibwerkstatt u. a. m.

Bröger, Achim • Friedrich-Ebert-Ring 27 • 23611 Sereetz
Tel.: 0451/393035 • abroeger@t-online.de • www.achim-broeger.de
Lesungen alle Schularten 1. bis 9. Klasse und Schreibwerkstätten

Brosche, Heidemarie • Unterer Dorfweg 1 • 86316 Friedberg
Tel.: 0821/782246 • email@h-brosche.de • www.h-brosche.de
Lehrerin, Autorin, Lesungen mit der Zielgruppe „schwache Leser, Wenig-Leser"
Autorin des Titels „Wie der Löwe ins Kinderbuch flog". Darin werden Kinder- und Jugendbuch-Autoren und -Autorinnen und deren „Hintergründe" vorgestellt. Mitglied im Verein für Leseförderung e.V.

Brunke, Timo • Alte Weinsteige 1 b • 70180 Stuttgart
Tel.: 07152/5060750 • frenzel@timobrunke.de • www.timobrunke.de
Sprachspielveranstaltungen für 4./5. Klassen, Erzählwerkstätten für Erwachsene
Mitglied im Verein für Leseförderung e.V.

Chidolue, Dagmar • Carl-von-Noorden-Platz 14 • 60596 Frankfurt
Tel.: 069/69711688 • dagmar-chidolue@t-online.de • www.dagmar-chidolue.de
Kinderbücher für Grundschüler (z. B. „Millie …") und Jugendbücher (bis 12. Klasse)

Dietz, Andreas • Gotthardstr. 3 • 94045 Passau
info@kroeti.de • www.kroeti.de
Sozialpädagoge, Autor und Illustrator von Geschichten für Kinder (Vor- und Grundschule)

Ebbert, Birgit • Elberfelder Straße 32 • 58095 Hagen
Tel.: 02331/9717861 • 02331/9717448 • info@birgit-ebbert.de • www.birgit-ebbert.de
Autorin von Geschichten, Romanen und Lernhilfen für Kinder und Jugendliche

Ebbertz, Martin • Mainzer Straße 31 • 56154 Boppard
Tel.: 06742/941720 • info@ebbertz.de • www.ebbertz.de
Kinderbücher bei Boje und Razamba, Lesungen für Kinder von 4 bis 12 Jahren
Mitglied im Verein für Leseförderung e.V.

Edelmann, Gitta • Argelanderstraße 147 • 53115 Bonn
Tel.: 0228/9110220 • post@gitta-edelmann.de • www.gitta-edelmann.de
Vorlese- und Erstlesegeschichten, Kinderbücher, Jugendbücher, Kurzkrimis

EVENTILATOR – Frank Sommer • Oranienplatz 5 • 10999 Berlin
Tel.: 030/61288104 • kontakt@eventilator.de • www.eventilator.de
Leseförderung, Büchershows, Workshops, Projekte, Fortbildungen, Beratung

Fessel, Karen-Susan • Obentrautstraße 32/1 • 10963 Berlin
Tel.: 0162/6317893 • kontakt@karen-susan-fessel.de • www.karen-susan-fessel.de
Spannend-realistische Literatur zu Trauer, Tod, Außenseiter, Armut u. a.

Fiechtner, Urs M. • Wacholderweg 6 • 89129 Langenau
Experte für Menschenrechts-Themen • Mitglied im Verein für Leseförderung e.V.

Fischer, Harry • Neue Straße 53 • 70186 Stuttgart
Tel.: 0711/486430 • harry-fischer@web.de • www.kinderpoesie.de
Berufspoet, Schreibwerkstätten für Schüler aller Altersstufen
Mitglied im Verein für Leseförderung e.V.

Fischer-Nagel, Heiderose und **Andreas** • Brunnenstraße 7 • 34286 Spangenberg
Tel.: 05663/280 • fischer-nagel@t-online.de • www.fischer-nagel.de
Die Autoren sind für ihre Fotosachbücher über Tiere und Pflanzen bekannt.

Flegel-Eisele, Sissi • Adlerplatz 5 • 71364 Winnenden
Tel.: 07195/9080675 • sissi.flegel-eisele@gmx.de • www.sissi-flegel.de

Fritz, Astrid • Teichäcker 13/1 • 71336 Waiblingen
Historische Romane • Mitglied im Verein für Leseförderung e.V.

Gärtner, Hans • Brüder-Grimm-Straße 14 d • 84570 Polling
Telefon 08633/1322 • hansgaertner5@gmail.com
Grundschulpädagoge und Buchautor

Gemmel, Stefan • Obere Lehmerhöfe 12 • 56332 Lehmen (Mosel)
Tel.: 02607/960710 • mail@stefan-gemmel.de • www.stefan-gemmel.de
Vielfach ausgezeichneter Lesekünstler und Lese-Weltrekordler im Jahr 2012

Guckelsberger, Rudolf • Danneckerstraße 30 • 70182 Stuttgart
Sprecher beim SWR • u. a. Lesungen zu kulinarischen Anlässen
Mitglied im Verein für Leseförderung e.V.

Gündisch, Karin • Kastelbergstraße 20 • 79189 Bad Krozingen
Tel.: 07633/15686 • karin@guendisch.de • www.guendisch.de/karin
Ein glücklicher Bücherwurm: Lesen macht glücklich. Schreiben auch.

Günther, Herbert • Vor dem Ellershagen 5 • 37133 Friedland
Tel.: 05504/1964 • herbert_guenther@gmx.de • www.herbertguenther.de
Kinder- und Jugendbücher bei Gerstenberg und Klett Kinderbuchverlag
Mitglied im Verein für Leseförderung e.V.

Hammerschmitt, Marcus • Tübingen
Tel.: 07071/791044 • Mobil: 0151/20740051 • marcus.hammerschmitt@me.com
Jugendbücher bei Sauerländer und Carlsen, Lyrik, Essayistik, Romane, Erzählungen
Mitglied im Verein für Leseförderung e.V.

Hartmann, Sabine • An der Höhe 15 • 31079 Sibbesse
Tel.: 05065/1781 • ms.hartmann@t-online.de • www.sabine-hartmann-sibbesse.de
Kinder- und Jugendkrimis, Schreibwerkstätten, Leseförderung

Hogan, Dominic • Römerstraße 9 • 71131 Jettingen
Entertainer: liest, erzählt, musiziert und spielt mit den Kindern (Klassen 1 und 2)
Mitglied im Verein für Leseförderung e.V.

Kaufmann, Theo • Im Baumstückle 10 • 71334 Waiblingen
Tel.: 07151/15062 • lesefoerderung@gmx.de • www.verein-fuer-lesefoerderung.de
1. Vorsitzender Verein für Leseförderung e.V., Schwerpunkt: Leseförderung Jungen

Klein, Martin • An der Alten Brauerei 24 • 14482 Potsdam
Tel.: 0331/6009409 • mkleinautor@aol.com • www.martin-klein.net
Veranstaltungen mit Herz & Verstand, Gespräch & Spaß

Köthe, Dr. Rainer • Rathausstraße 10 • 74924 Neckarbischofsheim
Tel.: 07268/911220 • koethe@meduco.de • www.meduco.de
Populärwissenschaftliche Bücher für Kinder, Jugendliche u. a. bei Tessloff
Mitglied im Verein für Leseförderung e.V.

Koppehele, Gabi • Lohweg 35 • 85375 Neufahrn
Tel.: 08165/66751 • www.gabis-maerchenwerkstatt.de
Erzieherin, ausgebildete Märchenerzählerin • Mitglied im Verein für Leseförderung e.V.

Kreutzmann, Bernhard • Marktstraße 40 • 71522 Backnang
Tel.: 07191/32540 • info@kreutzmann.com • www.kreutzmann.com
Buchhändler, Mitorganisator der LiteraTour in Backnang (zuständig für Lesungen)

Kunstleben, Franz W. • Schwarzwaldstraße 50 • 70569 Stuttgart
Rezitator • Mitglied im Verein für Leseförderung e.V.

Lauriel, Angelika • Ludwigstraße 5 • 66265 Heusweiler
Tel.: (mobil) 0151/55723462 • angelikalauriel@gmx.de • www.angelikalauriel.de
Deutsch-französische Kinderkrimis (ab 10) und Jugendromane (ab 13)

Le Huray, Judith • Rote Gasse 2 • 72336 Balingen
Tel.: 07433/9318785 • mail@judith-lehuray.de • www.judith-lehuray.de
Einfache, spannende Geschichten für leseschwache Schüler

Langen, Annette • Metzholz 36 a • 42799 Leichlingen
Tel.: 02174/498944 • info@annettelangen.de • www.annettelangen.de
Die „Mutter" von Felix, der Motzkuh, Mathilda … • Interaktive Lesungen

Lenz, Martin • In der Au 12/1 • 72474 Winterlingen
Tel.: 07577/925570 • martin@martinlenz.com • www.martinlenz.com
Neu: Musikalische Lesungen zusammen mit Manfred Mai

Lieb, Claudia • Schneckenburgerstraße 21 • 81675 München
Tel.: 089/54030273 • info@claudialieb.de • www.claudialieb.de
Illustratorin

Lohf, Sabine • Riepener Straße 58 • 31542 Bad Nenndorf
Tel.: 05725/7798
Illustratorin, Autorin, Grafikerin, Fotografin u. a. von vielen Beschäftigungsbüchern

Lornsen, Dirk • Greinbergweg 51 • 97204 Höchberg/Würzburg
Tel.: 0931/407860 • Fax: 0931/4043951 • dirk.lornsen@gmx.de • www.dirk-lornsen.de
Mitglied im Verein für Leseförderung e.V.

Mai, Manfred • Otto-Butz-Straße 12 • 72474 Winterlingen
Tel.: 07434/3949 • mm-mai@t-online.de • www.manfred-mai.de
Neu: Musikalische Lesungen zusammen mit Martin Lenz
Mitglied im Verein für Leseförderung e.V.

Mannel, Beatrix • Bergmannstraße 28 • 80339 München
Tel.: 089/5000-9986 • mail@beatrix-mannel.de • www.beatrix-mannel.de
Jugendthriller, gibt gerne Workshops für Jugendliche

Mueller, Dagmar H. • mail@dagmar-h-mueller.de • www.dagmar-h-mueller.de
Autorin für Kinder- und Jugendbuch

Nebe, André F. • Torstraße 9 b I • 10119 Berlin
Tel.: 030/44046022 • andre-f.nebe@gmx.de • www.andre-f-nebe.de
Filmregisseur, schreibt Abenteuerbücher für Mädels und Jungs

Nehring, Lydia • Lindenallee 4 • 16547 Birkenwerder
Tel.: 03303/5208935 • lydia.nehring@hotmail.com
Kinder- und Jugendbücher, Literatur- und Schreibwerkstätten Klassen 1 bis 6
Mitglied im Verein für Leseförderung e.V.

Neri-Kaiser, Odile • Burgunderstraße 16 • 71263 Weil der Stadt
Tel.: 07033/36457 • odile@erzaehlerin-conteuse.de • www.erzaehlerin-conteuse.de
Erzählerin / Conteuse • Mitglied im Verein für Leseförderung e.V.

Neuendorf, Silvio • Münsterstraße 40 • 52076 Aachen
illu@silvio-neuendorf.de • www.silvio-neuendorf.de
Illustrator • Mitglied im Verein für Leseförderung e.V.

Nielsen, Maja • Taunusblick 10 • 61191 Rosbach
info@majanielsen.com • www.majanielsen.com
Autorin („Abenteuer! Maja Nielsen erzählt"), interaktive Lesungen • JugendSachbuch-
Preis 2008 • Mitglied im Verein für Leseförderung e.V.

Nüse-Lorenz, Dominik • Waldstraße 10 • 90482 Nürnberg
Tel.: 0176/31210168 • dominik.nuese@web.de
Freier Journalist für Leseförderung, referiert auf Vorträgen und in Workshops über
Tipps und Strategien zur Leseförderung • Mitglied im Verein für Leseförderung e.V.

Oftring, Bärbel • Taunusstraße 54 • 71032 Böblingen
Tel.: 07031/419332 • baerbel_oftring@freenet.de • www.xing.com/profile/Baerbel_Oft-
ring
Kindersachbücher über Natur, Tiere, Pflanzen und Garten, Naturerleben • Jugend-
SachbuchPreis 2011 • Mitglied im Verein für Leseförderung e.V.

Opitz-Leifheit, Nils • Hauflerweg 10 • 71336 Waiblingen
eule@nils-opitz.de • www.nils-opitz.de
Autor von historischen Romanen • Mitglied im Verein für Leseförderung e.V.

Peters, Barbara • Helgolandring 30 • 22926 Ahrensburg
Tel.: 04102/44490 • peters-ahrensburg@t-online.de • www.barbarapeters.de
Bilder- und Kinderbücher, Gedichte, Geschichten und Theaterstücke

Petrick, Dirk • 14199 Berlin
Tel.: 0163/5907030 • info@dirkpetrick.de • www.geschichten-aus-dem-zauberwald.de
Autor und Synchronsprecher, Kinderbücher für Grundschüler, bes. Leseshows, Lese-reisen • Mitglied im Verein für Leseförderung e.V.

Pfefferlen, Erich • Sensenweg 1 • 86497 Horgau
Tel.: 08294/2138 • ep@pfefferlen.de • www.pfefferlen.de
Schreibwerkstätten für die Klassen 7 bis 13 • Mitglied im Verein für Leseförderung e.V.

Platten-Wirtz, Ulrike • Pöhlstraße 17 • 56858 Mittelstrimmig
Tel.: 06545/7142 • upwirtz@gmx.de
Zurzeit tätig als freie Journalistin und Kinderbuchautorin

Port, Moni • Schleidenstraße 16 • 60318 Frankfurt
port@laborproben.de • www.laborproben.de
Illustratorin und Autorin, JugendSachbuchPreis 2013
Mitglied im Verein für Leseförderung e.V.

Pressler, Mirjam • Litschengasse 709 a • 84028 Landshut
Autorin • Mitglied im Verein für Leseförderung e.V.

Rebscher, Susanne • Friedrich-Ebert-Straße 2 b • 96173 Oberhaid
Tel.: 09503/503 848 • rebscher@bookpartner.de • www.susanne-rebscher.de
Lesungen Klasse 3 bis 7, Buchwerkstatt Klasse 2 bis 5 • JugendSachbuchPreis 2008
Mitglied im Verein für Leseförderung e.V.

Rösel, Astrid • Rudolstädter Straße 82 • 98744 Oberweißbach
Tel.: 036705/219808 • astridroesel@gmail.com • www.schreibbogen.de
Geschichten und Sachbücher für Kinder • Schreibkurse für Kinder und Jugendliche

Sagsöz, Alpan • Hermeskeilerstraße 33 • 50935 Köln
Tel.: 0221/80060846 • alpan73@gmx.de • www.alpansagsoez.de
„Türkei-Rallye" (ab 11 Jahren) • „Interkulturelles mischmasch & more"

Sayer, Walle (Lyriker) • Dießenerstraße 5 • 72160 Horb-Dettingen
Lyriker • Schreibwerkstätten • Mitglied im Verein für Leseförderung e.V.

Schwinn, Stefan • Bielefeld
Der-kleine-Ritter-Apfelmus@web.de
Ritter- und Piratengeschichten für Grundschüler

Seidel, Jürgen • Tulpenstraße 12 • 41466 Neuss
Tel.: 02131/462169 • jhk.seidel@arcor.de
Jugendromane bei Beltz & Gelberg, cbj-Randomhouse

Sennlaub, Gerhard • Lohmannstraße 18 • 27568 Bremerhaven
Tel.: 0171/8117436 • www.gerhardsennlaub.de
Schulbuch-Autor (u. a. „Von A bis Zett – Wörterbuch für Grundschulkinder")
Mitglied im Verein für Leseförderung e.V.

Sikler, Hardy • Esslinger Straße 24 • 71334 Waiblingen
Autor, Musiker • Mitglied im Verein für Leseförderung e.V.

Simsa, Marko • Aichhorngasse 6 • A-1120 Wien, Österreich
Tel.: 0043/1/4706578 • marko.simsa@gmx.at • www.markosimsa.at
Musikalische Bilderbücher bei ANNETTE BETZ und JUMBO; Konzerte für Kinder
Mitglied im Verein für Leseförderung e.V.

Smadi, Suzan • Filderstraße 61 • 70180 Stuttgart
Schauspielerin, Autorin (HörundSchaubühne) • Mitglied im Verein für Leseförderung e.V.

Sommer, Birgit • Dorfstraße 18 b • 91056 Erlangen
birgit.sommer@bayernmail.de • www.selberlesen.wordpress.com
Autorin (Schwerpunkt: Leichte Geschichten zum Lesenlernen)
Mitglied im Verein für Leseförderung e.V.

Spindler, Christine (Tina Zang, Kris Benedikt) • Bert-Brecht-Weg 13 • 71549 Auenwald • kontakt@christinespindler.de • www.christinespindler.de
Autorin (bekannt durch „Der Karatehamster")
Mitglied im Verein für Leseförderung e.V.

Spinner, Prof. Kaspar • Leonhardtstraße 78 • 86415 Mering
emeritierter Professor, Erwachsenenbildner im Bereich Literatur, Theaterpädagogik
Ehren-Mitglied im Verein für Leseförderung e.V.

Szillat, Antje • Konrad-Adenauer-Straße 6 • 31157 Sarstedt
Tel.: 05066/604801 • mail@antjeszillat.de • www.antjeszillat.de
Autorin • u. a. Herausgeberin von „Wie der Löwe ins Kinderbuch flog …", s. Brosche
Mitglied im Verein für Leseförderung e.V.

Terhart, Franjo • Im Mausegatt 24 • 47506 Neukirchen-Vluyn
Tel.: 02845/944275 • franjo.terhart@t-online.de • www.franjo-terhart.de
Klasse 1 bis Klasse 11 • Vor allem bekannt durch seine Römerkrimis

Theisen, Manfred • Gottfried-Daniels-Straße 21 • 50825 Köln
Tel.: 0221/5028790 • thei-schi@t-online.de • www.manfredtheisen.de
Lesungen und Schreib-Workshops vom Comic-Roman bis zum Mobbing-Thriller

Thomé, Dr. Dorothea • Werbachstraße 16, 26121 Oldenburg
thome@isb-oldenburg.de • www.isb-oldenburg.de
Institut für sprachliche Bildung, Ratgeberin Rechtschreibprobleme und LRS
Mitglied im Verein für Leseförderung e.V.

TINO • Hauptstraße 14 • 76275 Ettlingen
Tel.: 07243/28218 • tinobuecher@arcor.de • www.tino-lesereise.de
Lesungen, Zeichenaktionen, Mitmachprogramm für Kinder im Alter von 5 bis 13
Mitglied im Verein für Leseförderung e.V.

Trick, Katy • Im Vogelsang 7 • 72270 Baiersbronn
Tel.: 07442/121138 • info@katytrick.de • www.katytrick.de
Kinderbücher, Lesungen in Schulen und Kindergärten
Mitglied im Verein für Leseförderung e.V.

Ulbricht, Jenny • Königsberger Straße 5 • 63791 Karlstein
Tel.: 06188/8299717 • kontakt@stimmesinnundselbst.de • www.stimmesinnundselbst.de
Seminare für Vorleser, Lese- und Literaturpädagogen, andere Multiplikatoren
Mitglied im Verein für Leseförderung e.V.

van den Speulhof, Barbara • Im Geeren 62 • 60433 Frankfurt am Main
Tel.: 069/95102225 • barbara@vandenspeulhof.de • www.vandenspeulhof.de
Kinderbuchautorin, Lesungen von 1. bis 4. Klasse, Anfragen an S. Fischer Verlage

Venzke, Andreas • Georg-Elser-Straße 3 f • 79100 Freiburg im Breisgau
Tel.: 0761/474216 • gasparan@t-online.de • www.andreas-venzke.de
Kinder- und Jugendbücher bei Arena und Boje
Mitglied im Verein für Leseförderung e.V.

Vinke, Hermann • Upper Borg 18 • 28357 Bremen
Autor im Bereich Geschichts-Sachbuch für Jugendliche • JugendSachbuchPreis 2010
Mitglied im Verein für Leseförderung e.V.

Wieja, Corinna • Peter-Geibel-Straße 14 • 61184 Karben
Tel.: 06039/43883 • info@corinnawieja.de • www.corinnawieja.de
Schreiben und Übersetzen (Lieblingsbeschäftigungen) hat sie zum Beruf gemacht.

Wimmer, Ilka • Egerlandstraße 32 • 73240 Wendlingen
Tel.: 07024/866056 • info@maerchen-ilka.de
Märchenpädagogin, Erzählkünstlerin • Mitglied im Verein für Leseförderung e.V.

Wolf, Klaus-Peter • Distelkamp 11 • 26506 Norden
Tel.: 04931/930519 • kpwolf@t-online.de • www.klauspeterwolf.de
Autor

Zöller, Elisabeth • Dingbängerweg 388 • 48161 Münster
Tel.: 02534/645387 • Fax: 02534/645386
info@elisabeth-zoeller.de • www.elisabeth-zoeller.de
Autorin

Autorenportraits mit Kurzbiografie und -bibliografie

Auf den folgenden Seiten finden Sie Autorinnen und Autoren, Erzähler und Erzählerinnen sowie Schreib-Workshop-Anbieter und Leseförderer mit ihren Kurzbiografien, einer Auswahl ihrer Veröffentlichungen, ihrer Angebote zur Leseförderung mit Zielgruppe sowie Kontaktdaten.

Ruhsar Aydogan (geb. Gümüşdal)

Schauspielerin / Autorin

Kurzbiografie:

Ruhsar Gümüşdal studierte Germanistik und Pädagogik an der Istanbuler Universität.

Veröffentlichungen:

- 2008 veröffentlichte sie „Das Radio mit dem Fenster", in dem sie von ihren Erfahrungen über Sehnsucht, Abschiedsschmerz, Integration erzählt.

- In ihren Eigeninszenierungen „Integration? Assimilation? Wo bleibe ich?", „Die Braut die sich traut" und „Mocca-Tante" ist das Thema der kulturellen Begegnungen eingeflossen.

- 2013 erschien ihr neues Buch „Die Braut die sich traut" (die Ergänzung zum Theaterstück).

- 2012 inszenierte sie ihr erstes Jugendstück „Ene mene mu, was mache ich mit meinem IQ?".

Kontaktdaten:

Ruhsar Aydogan
Postfach 1121
72601 Nürtingen

Tel.: 01621/555230
post@ruhsar-aydogan.de
www.ruhsar-aydogan.de

Daniel Oliver Bachmann

Schriftsteller

Kurzbiografie:

Daniel Oliver Bachmann hat Film und Drehbuch an der Filmakademie Baden-Württemberg studiert. Seit 1995 freier Autor und Regisseur; zunächst Fernsehdokumentationen für ZDF und ARTE; später Belletristik- und Hörspielautor sowie Biografien und Memoiren. Zahlreiche Literaturpreise und internationale Writer-in-Residence-Stipendien, u. a. der Ledig-Rowohlt Foundation. Für den Arena-Verlag verfasst er die erfolgreiche Reihe „Mein Leben": klare, direkte und wahre Lebensberichte. „Sehr ehrlich und authentisch." Ralf Husemann, Süddeutsche Zeitung

Veröffentlichungen:

- Mit 18 mein Sturz – mein Leben im Gefängnis (Arena)
- Online bin ich frei – mein Leben im Netz (Arena)
- Die Schüler von Winnenden – unser Leben nach dem Amoklauf (Arena)

Zielgruppen:

Kinder und Jugendliche zwischen 12 und 18 Jahren

Kontaktdaten:

Daniel Oliver Bachmann
Kniebisstraße 27
77728 Oppenau

Tel.: 0171/2469071
bachmann@salzundpfeffer.de
www.salzundpfeffer.de

Günther Bentele

Studiendirektor a. D.

Kurzbiografie:

Günther Bentele, geboren 1941, arbeitete als Lehrer in den Fächern Deutsch, Geschichte, Ethik und Philosophie. In seiner Heimatstadt Bietigheim-Bissingen trug er wesentlich zur Erhaltung der historischen Altstadt und zu ihrer Gestaltung bei. Diese Tätigkeit führte zu einer Vielzahl von Veröffentlichungen im Bereich der Orts- und Landesgeschichte. Parallel dazu entstanden zahlreiche historische Jugendbücher, für die er unter anderem mit dem Friedrich-Gerstäcker-Preis und dem Hansjörg-Martin-Preis ausgezeichnet wurde.

Veröffentlichungen:

- Jugendroman: Flammennacht

- Erzählende Sachbücher:
  Leben im Mittelalter – Zwei Knappen und der Ruf des Königs
  Leben im Mittelalter – Der Kesselflicker und die Rache der Bauern
  Leben im Mittelalter – Der Meister und der Aufstand der Zünfte

Zielgruppen:

ab 10 Jahren

Kontaktdaten:

Günther Bentele
Comeniusstraße 6
74321 Bietigheim-Bissingen

Tel.: 07142/940074
guenther@bentele.de

Andreas Dietz

Diplom Sozialpädagoge (FH), Autor und Illustrator von Bilderbüchern

Kurzbiografie:

Aufgewachsen im Bayerischen Wald, nach dem Studium als Sozialpädagoge in Passau tätig. Beim Vorlesen der Gute-Nacht-Geschichten für die eigenen Kinder entstand die Idee, selber Geschichten zu erfinden und zu illustrieren. Die „Kröti"-Bücher gehören seit Jahren in vielen Kindergärten und Grundschulen zu den „Klassikern", oft schon in der zweiten Generation. Sein Theatertalent kommt bei den Autorenlesungen voll zur Entfaltung, ergänzt mit sozialpädagogischer Erfahrung, kann sich kaum ein Mensch der Begeisterung für seine Geschichten entziehen.

Veröffentlichungen:

- Kröti und die Zauberblume (edition zweihorn)
- Kröti und das Drechenfest (edition zweihorn)
- Der Reserveglücksstern (edition zweihorn)
- Kröti und der Zauberwald (edition zweihorn)
- Das Geheimnis der Dinosaurier (edition zweihorn)

Zielgruppen:

Kindergärten ab 3 Jahren, Grundschulen 1. bis 4. Schuljahr, Förderschulen

Kontaktdaten:

Andreas Dietz
Gotthardstraße 3
94034 Passau

info@kroeti.de

Harry Fischer

Berufspoet

Kurzbiografie:

Ich wuchs in einer sehr kinderreichen Familie in ganz beengten Verhältnissen auf. Und so suchte ich für mich die Welt der Bücher als mein Refugium heraus. Dies gepaart mit einem miserablen Gedächtnis führte mich dazu, die vielen kostbaren Zeilen aufzuschreiben (Rebellieren gegen die Vergänglichkeit) und damit zu beginnen, Gedichte zu schreiben.

Nun gehe ich seit über zehn Jahren mit Kitas, Schulen etc. auf eine „poetische Reise" (bisher an die 2.000 Schulklassen), um die Schüler direkt an der Literatur zu beteiligen und ihnen ein poetisches Denken zu vermitteln, zu zeigen, dass das Leben einem Zauberreich gleicht, wenn man lernt hinzuschauen und hinzufühlen, außerdem um die Lust und Freude an der Sprache zu fördern.

„Poesie ist nicht alles, aber was ist alles ohne Poesie?"

Veröffentlichungen:

- ◆ 1) Gedichtband – Was das Schöne sei …
- ◆ 2) Gedichtband – Das Blühen geht weiter
- ◆ 3) Gedichtband – Mein stilles Herz …
- ◆ 4) Etwa 200 Gedichtbücher mit Kitas und Schulen

Zielgruppen:

Kitas, Grund-, Haupt-, Werkreal-, Realschulen, Gymnasien, Gewerbeschulen, Hector Kinderakademie, Schule für Kranke

Kontaktdaten:

Harry Fischer
Neue Straße 53
70186 Stuttgart

Tel.: 0711/486430 • (mobil) 0179/9832669
harry-fischer@web.de
www.kinderpoesie.de

Hans Gärtner

Grundschulpädagoge, Buchautor

Kurzbiografie:

Hans Gärtner, Jg. 1939, kam als Kind von Böhmen nach Südostbayern, wurde Volksschullehrer, schlug, nach Zweitstudium und Promotion, die Hochschullaufbahn ein und war Univ.-Professor für Grundschulpädagogik und -didaktik. Er forschte über Schriftspracherwerb und Leseerziehung, publizierte Schulbücher, Lernhilfen, Bilderbuchdidaktik-Modelle, Fach- und Kinderliteratur. Neben Anthologien gab er den Almanach „Lieber lesen" und die Reihe „Kindern erzählt" heraus, war Zeitschriftenredakteur, jahrelang Juror für den Deutschen Jugendliteratur- und den Katholischen Kinderbuchpreis, zuletzt Vorsitzender des FBK in Bayern. Heute berichtet er über aktuelle Kultur, juriert das „Buch des Monats" der Volkacher Akademie mit und schreibt kulturwissenschaftliche Bücher, Rätsel und Geschichten, die er gern in Lesungen vermittelt.

Veröffentlichungen:

- SchreibArbeit. 70 Jahre – und noch immer Federhalter und Bleistiftspitzer (Dr. Huth Verlag)
- Dem braven Kind. Fleißbildchen – ein fast vergessenes Stück Schulkultur (Poppe Verlag)
- Saubär und Sauberbärchen (Annette Betz Verlag)
- Fabeln von Aesop, neu erzählt von H. Gärtner (NordSüd Verlag)
- Der Gustl. Ein bayrisches Schlitzohr (Verlag Monika Fuchs)
- Womit fängt alles an? Ein RateLeseNonsens-Abc (edition zweihorn)
- Der lila Spitzer. Schulkindergeschichten (edition lichtung)

Zielgruppen:

Kinder in Vor- (4 bis 6 Jahre) und Grundschule (1. bis 4. Schuljahr) bzw. Eltern, Erziehende, Lehrende

Kontaktdaten:

Prof. Dr. Hans Gärtner
Brüder-Grimm-Straße. 14
84570 Polling

Tel.: 08633/1322
hansgaertner5@gmail.com

Karin Gündisch

Schriftstellerin

Kurzbiografie:

Karin Gündisch ist in Rumänien geboren und kam im Jahr 1984 mit ihrer Familie nach Deutschland. Durch die Auswanderung hat sie ihren Beruf als Deutschlehrerin verloren. Sie hatte aber schon in Rumänien gern Geschichten erzählt und geschrieben. In Deutschland veröffentlichte sie mehrere Bücher für Kinder und Jugendliche und machte das Schreiben zu ihrem Beruf. Es geht in ihren Büchern oft um Kinder, die ihre Heimat verlassen müssen und in der Fremde ein neues Leben beginnen.

Veröffentlichungen:

- ◆ Das Paradies liegt in Amerika (Beltz/Gelberg; Schiller Verlag)
- ◆ Cosmin (Reihe Hanser bei dtv)
- ◆ Großvaters Hähne (Hanser Verlag; Neuauflage: Schiller Verlag)
- ◆ Die Kinder von Michelsberg (Schiller Verlag)

Zielgruppen:

Grundschule (Klassen 3 und 4) sowie 5., 6., 7. und 8. Klasse aller weiterführenden Schulen

Kontaktdaten:

Karin Gündisch
Kastelbergstraße 20
79189 Bad Krozingen

Tel.: 07633/15686
karin@guendisch.de
www.guendisch.de/karin

Marcus Hammerschmitt

**Schriftsteller, Journalist und Fotograf
in Tübingen**

Kurzbiografie:

1967 in Saarbrücken geboren. Seit 1985 in Tübingen. Ledig, zwei Kinder (10 und 16 Jahre). Hörspiele, Essays und Lyrik gehören ebenso zu seinem Portfolio wie Erzählungen und Romane. Bisher vierzehn veröffentlichte Bücher, drei bei Suhrkamp, eines bei Aufbau, vier bei Patmos/Sauerländer, andere woanders. Hunderte von Artikeln in den verschiedensten Publikationen.

Veröffentlichungen:

Jugendbücher von Marcus Hammerschmitt:

- 2006: Das Herkules-Projekt (Sauerländer-Verlag)
- 2010: Yardang (Sauerländer-Verlag)
- 2011: Azureus & Pygmalion (Sauerländer-Verlag)
- 2012: Grasland, Roman (Apple iBookstore)

Zielgruppen:

Kinder und Jugendliche von 11 bis 16 Jahren

Kontaktdaten:

Marcus Hammerschmitt
Moltkestraße 51
72072 Tübingen

Tel.: 07071/791044
marcus.hammerschmitt@me.com

Dominic J. Hogan

Kinderbuchautor • Illustrator • Englischlehrer • Schauspieler • Musiker

Kurzbiografie:

Nach seinem Umzug nach Deutschland im Jahr 2001 fand der Australier Dominic Hogan seinen Zugang zur deutschen Sprache hauptsächlich durch Kinderbücher. Dies inspirierte ihn dazu, sein eigenes Kinderbuch *Das Tal des Lavendels* zu verfassen und zu illustrieren. Beeinflusst durch seinen musikalischen und schauspielerischen Hintergrund (und auch durch sein spielerisches Gemüt ☺) entwickelte er sein Buch weiter zu einer deutsch-englischen, interaktiven Mitmach-Lesung, mit der er seit 2006 in Schulen, Kindergärten und Bibliotheken unterwegs ist.

„Ohne Interaktion hätte ich die deutsche Sprache nie gelernt, und das möchte ich den Kindern zurückgeben, auch wenn es um das Erlernen des Englischen geht."

Veröffentlichungen:

- ❖ Das Tal des Lavendels (2006)
- ❖ Do you believe? (Autor: Nathan Gardiner / Illustrator: Dominic Hogan, 2008)
- ❖ The Valley of Lavender (2013)

Zielgruppen:

Kinder im Alter von 5 bis 12 Jahren

Kontaktdaten:

Dominic Hogan
Römerstraße 9
71131 Jettingen

Tel.: (mobil) 0174/6053278
www.hogie-art.de
Lesungen@gmx.de

Andreas Kirchgäßner

Autor und Dozent

Kurzbiografie:

Nach dem Abitur machte Andreas Kirchgäßner eine Landwirtschaftslehre, wurde Maschinenschlosser und arbeitete in der Automobilindustrie als LKW-Fahrer und Lagerarbeiter. Nach ausgedehnten Afrika-Reisen entschied er sich, ganz vom und fürs Schreiben zu leben. Er schreibt Erstlesebücher, Jugendromane, Hörspiele und Features, Zeitungsessays über Afrika. Er leitet Textwerkstätten und lehrt das Drehbuchschreiben. Mit seinen Erstlesebüchern macht der Autor eine Art Stegreiftheater. Es geht um die Frage: „Wie kommen die Geschichten in den Kopf?" Dabei erfinden die Kinder mit ihm eigene Geschichten.

Veröffentlichungen:

- ◆ Anazarah, Jugendroman aus der Sahara (Horlemann)
- ◆ Fußball-Freunde, Erstlesebuch (Ars Edition)
- ◆ Donnerwetter, Wikinger! Erstlesebuch (Ars Edition)
- ◆ Das alte Haus, Erstlesebuch (Ars Edition)

Zielgruppen:

Grundschule (1. bis 4. Klasse) sowie 5. bis 8. Klasse aller weiterführenden Schulen

Kontaktdaten:

Andreas Kirchgäßner
Am Brückle 13
79291 Merdingen

Tel.: 07668/7940
kirchi1@aol.com
www.andreas-kirchgaessner.de

Dr. Rainer Köthe

Dipl.-Chemiker, Journalist, Autor

Kurzbiografie:

Dr. Rainer Köthe studierte Physikalische Chemie und Biochemie in Hamburg. Nach einigen Jahren in der Wissenschaftsredaktion des „stern" war er 13 Jahre lang Chefredakteur des Naturmagazins „kosmos"; seit 1999 ist er selbstständig. Er hat über 120 Bücher über Naturwissenschaft, Technik und Medizin verfasst sowie eine aktuelle Veröffentlichung bei Reader's Digest. Bücher von ihm sind in 31 Sprachen erhältlich. Außerdem hat er weit über 100 Experimentierkästen für Kinder entwickelt und hält erfolgreiche Vorträge vor Kindern in Deutschland und China.

Veröffentlichungen:

- Unsere Erde (Tessloff)
- Stahl erobert die Welt (Stahleisen-Verlag)
- Das Mikroskop (Tessloff)
- Das große Buch der Experimente (Tessloff)
- Rätselhafte Natur (Reader's Digest)

Zielgruppen:

Kinder ab 4 Jahren bis Erwachsene, jede Schulart

Kontaktdaten:

Dr. Rainer Köthe
Rathausstraße 10
74924 Neckarbischofsheim

Tel.: 07268/911220
koethe@meduco.de
www.meduco.de

Michail Krausnick

Autor

Kurzbiografie:

Geboren in Berlin, aufgewachsen in Hannover, Studium Literaturwissenschaft und Soziologie. Lebt als freier Autor bei Heidelberg. Satiren, Science-Fiction, Film- und Fernsehdrehbücher, Theaterstücke, historische Sachbücher, Biografien, Gedichte und Geschichten für Kinder und junge Menschen, Kabarettautor für *Kom(m)ödchen, Dt. Michel, Stachelbären* u. a.; Mitglied VS und P.E.N. Auswahlliste Heinemann-Friedenspreis 1984 und 1991; Dt. Jugendliteraturpreis 1991; CIVIS-Preis 1994.

Veröffentlichungen:

- Pausenliebe und Der Wanderkuss, Texte für Kinder, ed. durchblick 2000
- Der Hauptgewinn, Schatzkiste 2006
- Elses Geschichte – ein Mädchen überlebt Auschwitz, Sauerländer 2007
- Beruf: Räuber, Wellhöfer-Verlag 2009
- Behinderung: Wer behindert wen?, Horlemann 2009
- Weißer Bruder Schwarzer Rock – Der Indianermissionar, 2013

Zielgruppen / Hinweise:

Lesung ab 3. Klasse Grundschule und alle Altersstufen. Lesung, Diskussion und Werkstattgespräch aus den o. g. Büchern und zu: Jack London – unter Piraten; oder: das Abenteuer, ein Schriftsteller zu werden; Die Zeit der großen Räuberbanden; Rassismus und Holocaust; Völkermord an Sinti und Roma; Gedichte und Kurzprosa für Kinder; Satire/Kabarett; Menschenrechte, Behinderte; Science-Fiction.

Kontaktdaten:

Michael Krausnick
Richard-Lenel-Weg 13
69151 Neckargemünd

Tel.: 06223/6468
krausnick@web.de
www.krausnick-web.de • www.krausnick-info.de

Iris Lemanczyk

Kinder- und Jugendbuchautorin, Dozentin für Kreatives Schreiben, Journalistin

Kurzbiografie:

Iris Lemanczyk lebt in Stuttgart. Nach dem Studium reiste sie um die Welt, danach arbeitete sie als Zeitungsredakteurin. Doch die Ferne lockte immer wieder, so folgten Aufenthalte in Namibia, Madagaskar, Neuseeland, Indien, Myanmar und eine Stippvisite beim Zirkus. Mittlerweile ist sie als freie Autorin und Dozentin für Kreatives Schreiben tätig. Sie schreibt vorwiegend Kinder- und Jugendbücher, die auf Tatsachen beruhen. Dadurch ist die begeisterte Wüstenwanderin, Lagerfeuersitzerin und Hängemattenliegerin weiterhin viel auf Reisen. Daheim freut sie sich über süße Kirschen auf ihrer Obstbaumwiese.

Aktuelle Veröffentlichungen:

- Stern über Afrika (Horlemann Verlag)
- Shi Wu und die Kinderdiebe (Horlemann Verlag)
- Das verlorene Land, Eine Flucht aus Tibet (Ravensburger Verlag)
- Mein Lehrer kommt im Briefumschlag (Verlag an der Este)
- Stern über Indien (Horlemann Verlag)

Zielgruppen:

Für Lesungen: Klasse 1 bis 8
Für Schreibwerkstätten: ab 3. Klasse

Kontaktdaten:

Iris Lemanczyk
Falbenhennenstraße 13
70180 Stuttgart

Tel.: 0711/2200555
Iris.Lemanczyk@t-online.de
www.IrisLemanczyk.de

Manfred Mai

Schriftsteller

Kurzbiografie:

Manfred Mai zählt zu den erfolgreichsten deutschen Kinder- und Jugendbuchautoren. Er hat Deutsch, Politikwissenschaft und Geschichte studiert und war acht Jahre Lehrer, bevor er sich 1984 ganz für das Schreiben entschied. Inzwischen sind von ihm rund 150 Bücher erschienen, die in 25 Sprachen übersetzt wurden.

Derzeit arbeitet er mit dem Musiker Martin Lenz zusammen. Zwei CDs mit deutschen Liedern sind entstanden, und für Kinder gibt es „Musikalische Lesungen".

Veröffentlichungen:

* Das verkaufte Glück – Der schwere Weg der Schwabenkinder (Ravensburger Verlag)
* Leonie ist verknallt (Ravensburger Verlag)
* 1-2-3 Minutengeschichten (Ravensburger Verlag)
* Die geheimnisvolle Tür (Reihe Hanser bei dtv)

Zielgruppen:

Kinder zwischen 7 und 12 Jahren

Kontaktdaten:

Manfred Mai
Otto-Butz-Straße 12
72474 Winterlingen

Tel.: 07434/3949
mm-mai@t-online.de

Lydia Nehring

Journalistin und Autorin

Kurzbiografie:

Lydia Nehring, 1969 in Berlin geboren, hat an der Humboldt-Universität zu Berlin Philosophie, Theaterwissenschaft und Neuere Deutsche Literatur studiert. Sie assistierte bei verschiedenen Theaterproduktionen und absolvierte Redaktionspraktika bei Radio und Zeitungen.

Seit 1998 arbeitet sie als freischaffende Journalistin und Autorin. Mit ihren Büchern möchte sie junge Leser auf die Welt neugierig machen und ihnen auf unterhaltsame Weise zeigen, wie spannend das ferne Mexiko, die artgerechte Schweinehaltung oder verschiedene Kartoffelsorten sein können. In Lesungen und Projekten an Schulen hofft sie außerdem, dass ein Funke ihrer Begeisterung für das geschriebene Wort auf die Kinder und Jugendlichen überspringt.

Veröffentlichungen:

- Es wird Tag in Mexiko (Autumnus Verlag 2008)
- Ein Schwein in geheimer Mission (Autumnus Verlag 2011)
- Ein Huhn namens Schneewittchen (Autumnus Verlag 2011)
- Verschollen (Autumnus Verlag 2012)

Zielgruppen:

Grundschule (1. bis 4. Klasse) sowie 5. bis 8. Klasse aller weiterführenden Schulen

Kontaktdaten:

Lydia Nehring
Lindenallee 4
16547 Birkenwerder

Tel.: 03303/5208935
lydia.nehring@hotmail.com

Maja Nielsen

Sachbuchautorin

Kurzbiografie:

Maja Nielsen wurde 1964 in Hamburg geboren, wo sie Schauspiel an der Hochschule für Musik und Theater studierte. Anschließend war sie unter anderem in Hamburg, München, Stuttgart und Kassel engagiert. Inspiriert durch ihre Söhne begann sie, Abenteuergeschichten zu verfassen, und machte sich auf dem Gebiet der Sachbuchliteratur einen Namen. Ihre Reihe „Abenteuer!" entsteht in enger Zusammenarbeit mit Experten der entsprechenden Themengebiete. Maja Nielsen lebt in Rosbach und wurde 2013 zur Lesekünstlerin des Jahres gewählt.

Auszeichnungen (Auswahl):

Lesekünstlerin des Jahres 2013, Auditorix 2013/14 für das Hörbuch Kolumbus, 2009 Deutscher Kinderhörspielpreis für Feldpost für Pauline, 2008 Kinder- und Jugendsachbuchpreis

Veröffentlichungen (Auswahl): (erschienen im Gerstenberg Verlag Hildesheim)

- ◆ Tutanchamun – Das vergessene Königsgrab
- ◆ Titanic – Entdeckung auf dem Meeresgrund
- ◆ Jane Goodall und Dian Fossey – Unter wilden Menschenaffen
- ◆ Indianer – Sitting Bull, Red Cloud und seine Erben
- ◆ Kosmonauten – Mit 20 Millionen PS ins All
- ◆ Mount Everest – Spurensuche in eisigen Höhen
- ◆ Vampire – Die wahre Geschichte von Graf Dracula

Zielgruppen:

4. bis 8. Klasse

Kontaktdaten:

Maja Nielsen
Taunusblick 10
61191 Rosbach
Tel.: 0151/26966416
maja@majanielsen.com
www.majanielsen.com

Bärbel Oftring

Diplombiologin, Sachbuchautorin

Kurzbiografie:

Bärbel Oftring erkundete schon als Kind die Naturlandschaften rund um ihren Heimatort. Ihre zweite Leidenschaft gilt den Büchern. Heute verbindet die kreative Autorin und Redakteurin beides: Sie leitet Naturforscher-AGs in Kindergärten und an Grundschulen und hat schon weit über 70 Natur- und Gartenbücher für Groß und Klein veröffentlicht. Ihre Bücher vermitteln auf interessante und anschauliche Weise, was es alles über Tiere und Pflanzen zu entdecken gibt.

Veröffentlichungen:

- Tatort Natur (Sauerländer)
- Wald – Leben unterm Blätterdach (Gerstenberg)
- Mit Kindern die Nacht entdecken: Von Fledermaus bis Sternenhimmel (blv)
- Nachts ist es kälter als draußen (Kosmos)
- Voll eklig! (Haupt)

Zielgruppen:

Grundschule (1. bis 4. Klasse) sowie 5. und 6. Klasse aller weiterführenden Schulen

Kontaktdaten:

Bärbel Oftring
Taunusstraße 54
71032 Böblingen

Tel.: 07031/419332
baerbel_oftring@freenet.de

Barbara Rose

Kinder- und Jugendbuchautorin

Kurzbiografie:

Barbara Rose schreibt Geschichten für Kinder und Jugendliche. Davor hat sie lange beim Fernsehen gearbeitet und Kinder- und Jugendsendungen im Radio moderiert.

Viele Bücher in verschiedenen Verlagen sind bisher von ihr erschienen, 2013 kamen vier neue dazu, außerdem zwei Hörbücher.

Neben dem Schreiben leitet sie Erzähl- und Schreibwerkstätten, Seminare zur Leseförderung und bietet Coaching für Lesepaten und Vorleser an.

Barbara Rose lebt mit Mann und vier Kindern bei Stuttgart.

Veröffentlichungen:

- Johnny Cowboy und die Vorstadtindianer (Coppenrath 2015)
- Johnny Cowboy jagt Banditen-Bob (Coppenrath 2015)
- Viele schöne Schulgeschichten (Kerle 2015)
- Welche Farbe hat die Angst? (Boje / Bastei Lübbe 2014)

Zielgruppen:

Kinder zwischen 4 und 12 Jahren
Für Seminare Schüler / Jugendliche bis Klasse 10, außerdem Erwachsene

Kontaktdaten:

Barbara Rose
wohnt in der Nähe von Stuttgart
Tel.: 0170/2052771

E-Mail: ro.ses@t-online.de
www.barbara-rose.info

Walle (Walter) Sayer

Schriftsteller

Kurzbiografie:

geboren 1960. Kindheit und Jugend im Schatten des 1478 erbauten und 62 Meter hohen Bierlinger Kirchturmes. Bankkaufmannslehre, danach die Lehr- und Wanderjahre: u. a. Kindergartenpraktikum, dreizehn Kneipensemester, Deutschkursgeber in einer Asylunterkunft, Nachtbereitschaft in einem Altersheim. Lebt seit 1992 mit seiner Familie in Horb-Dettingen. Schreibt Gedichte und Prosa.

Er erhielt u. a. den Thaddäus-Troll-Preis, den Förderpreis zum Hölderlinpreis der Stadt Bad Homburg, den Berthold-Auerbach-Preis, das Hermann-Lenz-Stipendium, die Staufer-Medaille des Landes Baden-Württemberg und den Ludwig-Uhland-Förderpreis.

Veröffentlichungen:

im Klöpfer & Meyer Verlag Tübingen:

 2011, „Zusammenkunft", ein Erzählgeflecht
 2013, „Strohhalm, Stützbalken", Gedichte

Zielgruppen:

Bietet Lesungen mit Werkstattgespräch an und Workshops zum Thema Gedichteschreiben. War dabei bisher vom BVJ und Hauptschule bis zum Gymnasium an allen Schularten zu Gast. Mindestalter der Schüler: 14 Jahre.

Kontaktdaten:

Walle Sayer
Dießenerstraße 5
72160 Horb-Dettingen

Tel.: 07482/357
walle.sayer@t-online.de

Almut Tina Schmidt

Schriftstellerin

Kurzbiografie:

Almut Tina Schmidt schreibt Bücher, Hörspiele und Theaterstücke für Kinder und für Erwachsene. Mal realistische, mal fantastische Geschichten, aber immer mit einer gewissen Dosis Komik. Ihre Texte sind verschiedentlich ausgezeichnet worden, zuletzt mit dem Walter-Serner-Preis 2012.

Almut T. Schmidt wohnt in Österreich, hat zuvor aber sehr lange in Freiburg gelebt (weshalb sie ihre Fahrtkosten zu Veranstaltungen in Baden-Württemberg auch von Freiburg und nicht von Wien aus berechnet.)

Veröffentlichungen:

- Meinen Namen weiß Oma schon lange nicht mehr (Elefanten Press)
- Als ich ein Kaninchen war (Elefanten Press)
- Auswachsen (Literaturverlag Droschl)
- Das Ding der Unmöglichkeit (Gerstenberg)

Zielgruppen:

alle Schularten, Klassen 1 bis 6 und 12

Kontaktdaten:

Almut Tina Schmidt
Schottenfeldgasse 60/23
A-1070 Wien
Österreich

Tel.: 0173/1068616 (deutsches Handy) oder 0043/1/9448112 (österr. Festnetz)
almuttina.schmidt@freenet.de
www.almuttinaschmidt.com

Klaus Schuker

Schriftsteller

Kurzbiografie:

Klaus Schuker, 1959 in Ravensburg geb., war von 1976 bis 1988 als Polizeibeamter im Streifendienst tätig. Seit 1989 lebt er als freier Schriftsteller in Berg bei Ravensburg und hat bereits mehrere Krimibücher veröffentlicht. Sehr wichtig ist ihm seine literarische Arbeit mit Kindern und Jugendlichen in Schulen (bis heute mehr als 2.000 Lesungen und Schreibwerkstätten an Schulen). Schuker ist Mitglied im VS-Baden-Württemberg sowie in der Krimiautorenvereinigung „Das Syndikat".

Veröffentlichungen und Projekte:

- **2007** Brudernacht – Kriminalroman (Gmeiner-Verlag)
- **2010** Paul, Tabea und das blaue Messer – Jugendkrimi (Die Schatzkiste-Verlag)
- **2010** Pilotprojekt einer einwöchigen Schreibwerkstatt mit Strafgefangenen der JVA Ravensburg mit Fortsetzung in den Folgejahren.
- **2010** Pilotprojekt „Sommerschule 2010" (Fortbildungsunterricht in der letzten Sommerferienwoche für lernschwächere Schüler) im Auftrag des Kultusministeriums Baden-Württemberg mit Fortsetzung in den Folgejahren. Darüber hinaus weitere Pilotprojekte im Auftrag der Jugendstiftung Baden-Württemberg und der Robert-Bosch-Stiftung.
- **2012** Tabea, Paul und die brennende Hütte – Jugendkrimi (Die Schatzkiste-Verlag)

Zielgruppen:

Ab Klasse 3 Grundschule; alle Altersgruppen und Schularten

Kontaktdaten:

Klaus Schuker
Lilienstraße 5
88276 Berg-Weiler

Tel.: 0751/43283
schreibstube@klaus-schuker.de

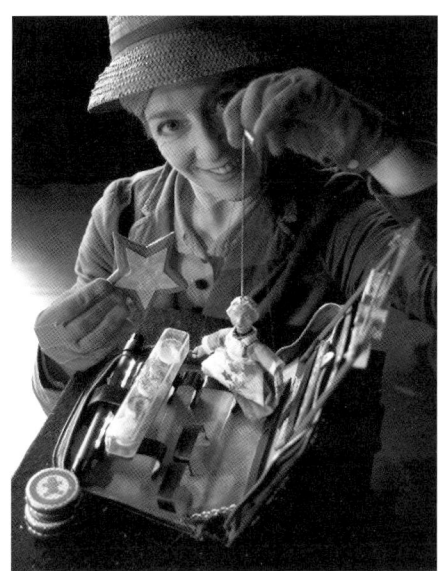

Suzan Smadi

Schauspielerin, Autorin

HÖR- und SCHAUbühne:

Die HÖR- und SCHAUbühne entwickelt seit Jahren ihre Stücke im Grenzbereich zwischen Literatur, Schauspiel und Figurentheater, mit viel direktem Kontakt zum Publikum. Die Arbeiten zielen auf ein poetisches Nebeneinander von Sprache, Bild und Figur ab, das die Fantasie anregt und Platz für eigene Assoziationen lässt.

Diese spezifische Mischung aus Publikumskontakt, Humor, Skurrilität, Authentizität und genreübergreifender Spielfreude wurde bisher unter anderem gefördert vom Kulturamt der Stadt Stuttgart, vom Kulturreferat der Stadt Esslingen, vom Ministerium für Wissenschaft, Forschung und Kunst Baden-Württemberg und vom Fonds Darstellende Künste. Ebenso gerne spielt die HÖR- und SCHAUbühne aber für Schulen, Büchereien etc.

Angebote im Bereich der Literaturvermittlung:

- Kopfüber-Kopfunter / ein Handtaschenmusical frei nach *Mary Poppins* von P. L. Travers

- Im Geschichtenzelt – Briefe vom Maulwurf an den Hasen frei nach *Briefe vom Eichhorn an die Ameise* von Toon Tellegen, für Kinder von 4 bis 9 Jahren und für die Klassen 1 bis 4 Grundschule

- Pu der Bär – Expedition zum Nordpol frei nach *Pu der Bär* von A. A. Milne, für Kinder von 4 bis 9 Jahren und für die Klassen 1 bis 4 Grundschule; das Stück kann auch in einer englisch/deutschen Fassung und in einer französisch/deutschen Fassung gespielt werden.

- Das Traumfresserchen frei nach dem *Traumfresserchen* von Michael Ende, für Kinder von 5 bis 10 Jahren und für die Klassen 1 bis 4 Grundschule

Kontaktdaten:

Suzan Smadi
Filderstraße 61
70180 Stuttgart

Tel.: 0711/6408415 • (mobil): 0160/93583086
kontakt@hoerundschaubuehne.de
www.hoerundschaubuehne.de

Christine Spindler

Schriftstellerin, Übersetzerin

Kurzbiografie:

Christine Spindler, 1960 geboren, hat als Fremdsprachensekretärin gearbeitet, bis sie sich ihren größten Traum erfüllte. Sie lebt seit 12 Jahren hauptberuflich vom Schreiben. Christine Spindler ist eine vielseitige Autorin, die gerne immer wieder neue Genres für sich entdeckt, und hat bisher über 40 Bücher veröffentlicht. Ihre witzigen Kinderbücher verfasst sie unter dem Pseudonym Tina Zang. Sie liest mit Vorliebe an Grundschulen und in Bibliotheken. In ihrer Freizeit malt und singt sie.

Veröffentlichungen:

- Mond aus Glas (Renate Götz)
- Der Karatehamster (Reihe bei ars Edition)
- Echte Helden (Reihe bei ars Edition)
- Total verflimst (Esslinger)

Zielgruppen:

Kinder ab 8 Jahren, Jugendliche, Erwachsene

Kontaktdaten:

Christine Spindler
Bert-Brecht-Weg 13
71549 Auenwald

Tel.: 07191/52989
kontakt@christinespindler.de
www.christinespindler.de

TINO

Kinderbuchautor und Illustrator

Kurzbiografie:

TINO wurde 1962 in Augsburg geboren. Gymnasium in Karlsruhe. Nach der Ausbildung zum Frühpädagogen Studium der Sozialpädagogik. Danach Mitarbeit beim SWR in Stuttgart. Seit 1990 Kinder- und Jugendbuchautor und Illustrator (u. a. für Michael Ende). TINOS Bücher wurden in viele Sprachen übersetzt, verschiedene Auszeichnungen. Ausgedehnte Lesereisen durch Deutschland und andere Staaten. Bislang 5.000 Veranstaltungen. TINO bezieht die Kinder bei seinen Lesungen mit ein. Er verkleidet sich, liest vor und zeichnet mit den Kindern.

Vorstandsmitglied des Verbandes deutscher Schriftsteller in Baden-Württemberg (Schwerpunkt Kinder- und Jugendliteratur)

Veröffentlichungen (Auswahl):

- Pieps (Bajazzo)
- Mein Freund, der Delfin (Ravensburger Verlag)
- Die geheimnisvolle Insel (Ravensburger Verlag)
- Stern über Afrika (Horlemann Verlag)
- Stern über Indien (Horlemann Verlag)
- Reise in den Landtag (Hrsg. Landtag Baden-Württemberg)

Zielgruppen:

Vorschule / Grundschule / weiterführende Schulen bis 6. Klasse / Förderschule

Kontaktdaten:

TINO
Hauptstraße 14
76275 Ettlingen

Tel.: 07243/28218
tinobuecher@arcor.de
www.tino-lesereise.de

Jutta Treiber

Autorin

Kurzbiografie:

Jutta Treiber schreibt für Menschen jeden Alters, für Kinder, Jugendliche und für Erwachsene. Sie war fünfzehn Jahre lang Lehrerin an einem Gymnasium und betrieb ein eigenes Kino.

Seit 1988 ist sie freiberufliche Autorin. Ihre Bücher wurden in 23 Sprachen übersetzt und mit etlichen Literaturpreisen ausgezeichnet.

Ihre Lesereisen führten sie in 22 Länder Europas und Asiens.

Veröffentlichungen:

- Fiona Fee hat keine Zeit, Kinderbuch (Obelisk)
- Edi Dickstur und der Norz, Kinderbuch (Obelisk)
- Fleckerlteppich, Kurztexte für Jugendliche und Erwachsene (lex liszt)
- Liebestrommeln, Roman für Erwachsene (lex liszt)

Zielgruppen:

Kinder von 1 bis 7
Jugendliche von 12 bis 18
Erwachsene

Kontaktdaten:

Jutta Treiber
Neugasse 9
A-7350 Oberpullendorf
Österreich

Tel.: 0043/664/1350087
autorin@juttatreiber.com
www.juttatreiber.com

Andreas Venzke
Autor für Groß und Klein

Kurzbiografie:

Andreas Venzke wurde 1961 in Berlin geboren. Nach seinem 1986 abgeschlossenen Studium an der FU Berlin arbeitete er zunächst als literarischer Übersetzer und Journalist, außerdem für den Hörfunk und dpa, auch als Autor für *damals* und *die horen*, bald hauptsächlich als Buchautor, mit Romanen für Jugendliche, mit Biografien für Erwachsene. In letzter Zeit hat er sich besonders mit literarischen Lebensbeschreibungen etwa über Goethe, Schiller oder auch Luther einen Namen gemacht. Seine Kinder- und Jugendbücher wurden vielfach ausgezeichnet. „Seine Bücher erzählen von Erwachsenen und Kindern, die den Mut haben, Herausforderungen anzunehmen und Widerstände zu überwinden." (Frankfurter Allgemeine Sonntagszeitung) Venzke lebt mit Familie in Freiburg im Breisgau.

Veröffentlichungen:

*   Carlos kann doch Tore schießen (Beltz & Gelberg)
*   Menschen für den Frieden (Arena)
*   Luther und die Macht des Wortes (Arena)
*   Berlin, Berlin – Geschichten einer Nation (Arena)

Zielgruppen

Grundschule (ab 3. Klasse) sowie alle Klassen aller weiterführenden Schulen

Kontaktdaten

Andreas Venzke
Georg-Elser-Straße 3 f
79100 Freiburg im Br.

Tel.: 0761/474216
gasparan@t-online.de

Ilka Wimmer

Kurzportrait:

Ilka Wimmer ist Sozialarbeiterin, Erwachsenenbildnerin, Trauerbegleiterin, Traumberaterin und seit 1990 als Erzählkünstlerin, Rezitatorin, Märchenpädagogin und Puppenspielerin in Baden-Württemberg und darüber hinaus tätig.

Sie bietet Märchenerzählrunden, Vorträge, Meditationsgruppen, Puppenspiele und Bildungsveranstaltungen in Büchereien, Schulen, Kindergärten, Seniorenheimen, Behinderteneinrichtungen, Kirchengemeinden, Erwachsenenbildungseinrichtungen (u. a. VHS und Haus der Familie) an sowie bei privaten Festen und Feiern und in der Natur (z. B. Märchenwanderungen).

Sie ist außerdem u. a. Initiatorin und künstlerische Leiterin der Nürtinger Märchentage und Jugendbegleiterin bei langfristigen Schulprojekten zum Thema Lese- und Sprachförderung und Märchen.

Zielgruppen:

Kinder im Kindergartenalter, Kinder in allen Schularten (nicht nur Grundschule), einschließlich Gymnasium und Berufs- und Fachschulen und Erwachsene – einschließlich sprachunterstützende Förderung von Eltern mit ausländischen Wurzeln sowie Angebote für Vorlesepaten; offen für Ideen und Anfragen im Zusammenhang mit Erzählen lernen, Tipps zum Vorlesen, Vorträge, Gruppenveranstaltungen und Einzelberatung rund um die Themen: Märchen (festlicher Erzählabend oder Seminarangebot), Märchenkunde allgemein (Herkunft, Hintergrund und Symbole und psychologische Deutungsansätze), Zusammenhang mit Träumen, Trauerbewältigung, Rituale; Veranstaltungen und Feste und Familien-, Firmen-Feiern mit ausgewählten Märchen planen und durchführen.

Kontaktdaten:

Ilka Wimmer
Egerlandstraße 32
73240 Wendlingen am Neckar

Tel.: 07024/866 056
info@maerchen-ilka.de

Verlage für Kinder- und Jugendbücher

Verlage, die mehrsprachige Bücher herausgeben, sind bewusst besonders gekennzeichnet. Es ist unter anderem ein wichtiges Ziel des Vereins für Leseförderung e.V., die Mehrsprachigkeit an Kitas und Schulen und damit natürlich auch mehrsprachige Kinder- und Jugendbücher zu fördern.

Abentheuer Verlag Berlin • Allerstraße 18 • 12049 Berlin
Tel.: 030/80575445 • info@abentheuerverlag.de • www.abentheuerverlag.de

ALADIN Verlag • Erdmannstraße 10–12 • 22765 Hamburg
Tel.: 040/558915620 • info@aladin-verlag.de • www.aladin-verlag.de

Verlag mit mehrsprachigen Büchern
Amiguitos - Sprachen für Kinder • Am Klein Flottbeker Bahnhof 37 • 22609 Hamburg
Tel.: 040/55616358 • info@amiguitos.de • www.amiguitos.de

Verlag mit mehrsprachigen Kinderbüchern
Anadolu Verlag (türk.-deutsche Bücher) • Rheinstraße 102 • 41836 Hückelhoven
Tel.: 02433/4091 • info@anadolu-verlag.de • www.anadolu-verlag.de

aracari verlag • Schützenstrasse 4 • CH-8001 Zürich • Schweiz
Tel.: +41/(0)434976979 • mails@aracari.ch • www.aracari.ch

Arena Verlag • Rottendorfer Straße 16 • 97074 Würzburg
Tel.: 0931/796440 • info@arena-verlag.de • www.arena-verlag.de

Argon Verlag • Hörbuchverlag • Neue Grünstraße 17 • 10179 Berlin
Tel.: 030/25762060 • info@argon-verlag.de • www.argon-verlag.de

arsEdition • Friedrichstraße 9 • 80801 München
Tel.: 089/3810060 • verlag@arsedition.de • www.arsedition.de

Atlantis / Orell Füssli Verlag • Dietzingerstrasse 3 • CH-8036 Zürich • Schweiz
Tel.: +41(0)444667711 • info@ofv.ch • www.atlantis-verlag.ch

Aufbau Verlag • Lindenstraße 20–25 • 10969 Berlin
Tel.: 030/283940 • info@aufbau-verlag.de • www.aufbau-verlag.de

Baumhaus Verlag • Schanzenstraße 6–20 • 51063 Köln
Tel.: 0221/82000 • www.baumhaus-verlag.de

Beltz & Gelberg, **Julius Beltz** • Werderstraße 10 • 69469 Weinheim
Tel.: 06201/60070 • info@beltz.de • www.beltz.de

Bertelsmann! Junior / Brockhaus • Avenwedder Straße 55 • 33311 Gütersloh
Tel.: 05241/801990 • info@wissenmedia.de • www.wissenmedia.de

Betz Verlag, Annette Betz Verlag • Prinzenstraße 85 d • 10969 Berlin
Tel.: 030/6521623-10 • office@ueberreuter.de • www.annettebetz.de

Bibliographisches Institut • Mecklenburgische Straße 53 • 14197 Berlin
Tel.: 030/89785-8281 • kundenservice@duden.de • www.duden.de

Bloomsbury/Berlin Verlag • Hedemannstraße 14 • 10969 Berlin
Tel.: 030/443845-90 • info@berlinverlag.de • www.berlinverlage.de

Bohem press • Centralweg 16 • CH-8910 Affoltern • Schweiz
Tel.: +41(0)447624283 • www.bohem.ch

Boje Verlag • Schanzenstraße 6—20 • 51063 Köln
Tel.: 0221/8200-0 • info@boje-verlag.de • www.boje-verlag.de

BVK - Buch Verlag Kempen • St. Huberter Straße 67 • 47906 Kempen
Tel.: 02152/52976 • info@buchverlagkempen.de • www.buchverlagkempen.de

CARLSEN Verlag, **Chicken House** • Völckersstraße 14–20 • 22765 Hamburg
Tel.: 040/39804-0 • info@carlsen.de • www.carlsen.de

cbj Verlag • Neumarkter Straße 28 • 81673 München
Tel.: 089/4136-0 • renate.grubert@randomhouse.de • www.randomhouse.de

Contmedia Verlag • Oberstraße 60 • 39288 Burg (Magdeburg)
Tel.: 06203/95420-313 • info@contmedia.de • www.contmedia.de

Coppenrath Verlag • Hafenweg 30 • 48155 Münster
Tel.: 0251/41411-0 • info@coppenrath.de • www.coppenrath.de

Der Audio Verlag • Hardenbergstraße 9 a • 10623 Berlin
Tel.: 030-3199828-0 • Mail: info@der-audio-verlag.de • www.der-audio-verlag.de

Deutscher Taschenbuch Verlag • Tumblingerstraße 21 • 80337 München
Tel.: 089/38167-0 • junior@dtv.de • www.dtvjunior.de

Dix Verlag • Am Hinzenbusch 22 • 52355 Düren
Tel.: 02421/501889 • post@dix-verlag.de • www.dix-verlag.de

Dorling Kindersley Verlag • Arnulfstraße 124 • 80636 München
Tel.: 089/4423260 • info@dk-germany.de • www.dorlingkindersley.de

Dressler Verlag, Imprints Ellermann und Klopp
Poppenbütteler Chaussee 53 • 22397 Hamburg
Tel.: 040/60790903 • dressler@verlagsgruppe-oetinger.de • www.dressler-verlag.de

Verlag mit mehsprachigen Kinderbüchern
Edition bi:libri • Trollblumenstraße 10 a • 80995 München
Tel.: 089/80924134 • info@edition-bilibri.de • www.edition-bilibri.de

Verlag mit mehrsprachigen Kinderbüchern
Edition Orient – Inhaber Stephan Trudewind • Muskauer Straße 4 • 10997 Berlin
Tel.: 030/61280361 • info@edition-orient.de • www.edition-orient.de

Edition SEE-IGEL (Klassische Musik und Sprache) • Strandbadstraße 8 • 78345 Iznang
Tel.: 07121/24526 • post@see-igel.de • www.see-igel.de

edition zweihorn • Riedelsbach 46 • 94089 Neureichenau
Tel.: 08583/2454 • edition-zweihorn@web.de • www.edition-zweihorn.de

Egmont Comic Collection • Gertrudenstraße 30–36 • 50667 Köln
Tel.: 0221/20 811 94 • t.schellakowsky@egmont-vg.de • www.ehapa-comic-collection.de

ellermann im Dressler Verlag • Poppenbütteler Chaussee 53 • 22397 Hamburg
Tel.: 040/60790908 • ellermann@verlagsgruppe-oetinger.de • www.ellermann.de

esslinger / Thienemann-Esslinger Verlag • Blumenstraße 36 • 70182 Stuttgart
Tel.: 0711/21055-0 • info@thienemann-esslinger-verlag.de • www.thienemann-esslinger.de

Family Media • Schnewlinstraße 6 • 79098 Freiburg
Tel.: 0761/705780 • www.familymedia.de

Verlag mit mehrsprachigen Materialien für Kinder
Finken Verlag • Zimmersmühlenweg 40 • 61440 Oberursel/Taunus
Tel.: 06171/63880 • www.finken.de

Fischer FJB, Fischer Schatzinsel • Hedderichstraße 114 • 60596 Frankfurt am Main
Tel.: 069/6062-0 • www.fischergeneration.de • www.fischerverlage.de

Freies Geistesleben, Urachhaus • Landhausstraße 82 • 70190 Stuttgart
Tel.: 0711/2853200 • info@geistesleben.com • www.geistesleben.com

Verlag mit mehrsprachigen Kinderbüchern
Friedrich Maerker Verlag • Am Vorderen Berg 1 • 74855 Haßmersheim
Tel.: 06266/202042 • www.friedrich-maerker-verlag.de

Gabriel Verlag, Planet Girl, Thienemann Verlag • Blumenstraße 36 • 70182 Stuttgart
Tel.: 0711/21055-0 • info@thienemann-esslinger.de • www.thienemann-esslinger.de

Gerstenberg Verlag • Rathausstraße 18–20 • 31134 Hildesheim
Tel.: 05121/106-0 • verlag@gerstenberg-verlag.de • www.gerstenberg-verlag.de

Hammer, Peter Hammer Verlag • Föhrenstraße 33–35 • 42283 Wuppertal
Tel.: 0202/505066 • info@peter-hammer-verlag.de • www.peter-hammer-verlag.de

Hanser, Carl Hanser Verlag • Vilshofener Straße 10 • 81679 München
Tel.: 089/99830-100 • pressekibu@hanser.de • www.hanser-literaturverlage.de

headroom – sound production • Rupprechtstraße 5 • 50937 Köln
Tel.: 0221/9417919 • www.headroom.info

Heyne fliegt • Bayerstraße 71—73 • 80335 München
www.heyne-fliegt.de

Hörcompany – Schaack und Herzog • Jungmannstraße 15 • 22605 Hamburg
Tel.: 040/8801411 • www.hoercompany.de

Horncastle Verlag • Spicherenstraße 3 • 81667 München
Tel.: 089/15988157 • www.horncastle-verlag.de

IDMI Verlag Verlagshaus Mescheryakov • Moselgasse 8/6/26 • A-1100 Wien
Österreich • Tel.: +43(0)19971816

Igel-Records / Igel-Genius • Poststraße 6 • 44137 Dortmund
Tel.: 0231/9142497 • www.igel-records.de

INK, Egmont Verlagsgesellschaften mbH • Gertrudenstraße 30–36 • 50667 Köln
Tel.: 221/20811-0 • info@egmont-ink.de • www.egmont-ink.de

Jacoby & Stuart, **Verlagshaus** • Straßburger Straße 11 • 10405 Berlin
Tel.: 030/4737479-0 • verlag@jacobystuart.de • www.jacobystuart.de

JUMBO Neue Medien & Verlag • Henriettenstraße 42 a • 20259 Hamburg
Tel.: 040/42930400 • info@jumbo-medien.de • www.jumbo-medien.de

Jung und Jung Verlag • Hubert-Sattler-Gasse 1 • A-5020 Salzburg • Österreich
Tel.: +43(0)662885048 • office@jungundjung.at • www.jungundjung.at

Jungbrunnen Verlag • Rauhensteingasse 5 • A-1010 Wien • Österreich
Tel.: +43(0)15121299 • office@jungbrunnen.co.at • www.jungbrunnen.co.at

Karl-May-Verlag • Schützenstraße 30 • 96047 Bamberg
Tel.: 0951/982060 • info@karl-may.de • www.karl-may.de

Kaufmann, Verlag Ernst Kaufmann • Alleestraße 2 • 77933 Lahr
Tel.: 07821/9390-0 • info@kaufmann-verlag.de • www.kaufmann-verlag.de

KERLE im Verlag Herder • Pettenkoferstraße 31 • 80336 München
Tel.: 089/5403188-0 • kinderbuch@herder.de • www.kerle.de

Verlag mit mehrsprachigen Büchern
Khorshid Verlag • Höhenstraße 14 • 60385 Frankfurt/Main
Tel.: 069/4305615 • postmaster@khorshid-verlag.de • www.khorshid-verlag.de

Kindermann Verlag • Theodor-Heuss-Platz 6 • 14052 Berlin
Tel.: 030/3053225 • post@kindermannverlag.de • www.kindermann.de

Klett Kinderbuch Verlag • Richard-Lehmann-Straße 14 • 04275 Leipzig
Tel.: 0341/3505965 • info@klett-kinderbuch.de • www.klett-kinderbuch.de

Klopp im Dressler Verlag • Poppenbütteler Chaussee 53 • 22397 Hamburg
Tel.: 040/0790907 • klopp@verlagsgruppe-oetinger.de • www.klopp-buecher.de

Kosmos Verlag / Franckh • Pfizerstraße 5–7 • 70184 Stuttgart
Tel.: 0711/2191-0 • info@kosmos.de • www.kosmos.de

Laetitia Verlag • Dahmer Weg 27 a • 23746 Kellenhusen/Ostsee
Tel.: 030/80588530 • info@laetitia-verlag.de • www.laetitia-verlag.de

Langenscheidt GmbH & Co. KG – Bereich Kids & Entertainment
Mies-van-der-Rohe-Straße 5 • 80807 München
Tel.: 089/36096-177 • c.noss@langenscheidt.de • www.langenscheidt.de

Lappan Verlag • Würzburger Straße 14 • 26121 Oldenburg
Tel.: 0441/98066-0 • info@lappan.de • www.lappan.de

Lingen Verlag • Brügelmannstraße 3 • 50679 Köln
Tel.: 0221/33707-0 • info@lingenverlag.de • www.lingenverlag.de

Loewe Verlag • Bühlstraße 4 • 95463 Bindlach
Tel.: 09208/51-0 • presse@loewe-verlag.de • www.loewe-verlag.de

Menschenkinder Verlag • An der Kleimannbrücke 97 • 48157 Münster
Tel.: 0251/93252-0 • info@menschenkinder.de • www.menschenkinder.de

Verlag mit mehrsprachigen Kinderbüchern
Michael Neugebauer Edition (minedition) • Am Gerstenfeld 6 • 22941 Bargteheide
Tel.: 04532/268700 • info@minedition.de • www.minedition.de

mixtvision Verlag • Pündterplatz 4 • 80803 München
Tel.: 089/3837709-0 • info@mixtvision.de • www.mixtvision-verlag.de

Moritz Verlag GmbH • Kantstraße 12 • 60316 Frankfurt/M.
Tel.: 069/430 5084 • www.moritzverlag.de

moses. Verlag • Arnoldstraße 13 d • 47906 Kempen
Tel.: 02152/2098-50 • info@moses-verlag.de • www.moses-verlag,de

Nilpferd im Residenz Verlag • Gutenbergstraße 12 • A-3100 St. Pölten • Österreich
Tel.: +43(0)2742/8021415 • info@residenzverlag.at • www.residenzverlag.at

Verlag mit mehrsprachigen Kinderbüchern
NordSüd Verlag • Heinrichstrasse 249 • CH-8005 Zürich • Schweiz
Tel.: +41(0)44/9366868 • info@nord-sued.com • www.nord-sued.com

Obelisk Verlag • Falkstraße 1 • A-6020 Innsbruck • Österreich
Tel.: +43(0)512580733 • info@obelisk-verlag.at • www.obelisk-verlag.at

Oetinger Media • Max-Brauer-Allee 34 • 22765 Hamburg
Tel.: 040/60790906 • media@verlagsgruppe-oetinger.de • www.oetinger-media.de

Oetinger Taschenbuch • Poppenbütteler Chaussee 53 • 22397 Hamburg
Tel.: 040/60790902 • www.oetinger-taschenbuch.de

Oetinger Verlag – Friedrich Oetinger • Poppenbütteler Chaussee 53 • 22397 Hamburg
Tel.: 040/60790902 • oetinger@verlagsgruppe-oetinger.de • www.oetinger.de

Verlag mit mehrsprachigen Kinderbüchern
Olms Verlag / Kollektion OLMS junior • Hagentorwall 7 • 31134 Hildesheim
Tel.: 05121/1501-0 • kollektion@olms-junior.de • www.olms-junior.de

Verlag mit mehrsprachigen Kinderbüchern
Önel Verlag • Silcherstraße 13 • 50827 Köln
Tel.: 0221/588540 • info@oenel.de • www.oenelverlag.com

Pattloch Verlag • Hilblestraße 54 • 80636 München
Tel.: 089/9271-0 • www.pattloch.de

Prestel Verlag bei Randomhouse • Neumarkter Straße 28 • 81673 München
Tel.: 089/242908300 • www.randomhouse.de/prestel

Ravensburger Buchverlag • Robert-Bosch-Straße 1 • 88214 Ravensburg
Tel.: 0751/86-0 • Heike.Herd-Reppner@ravensburger.de • www.ravensburger.de

rororo rotfuchs • Hamburger Straße 17 • 21465 Reinbek
Tel.: 040/7272-0 • rotfuchs@rowohlt.de • www.rowohlt.de

Sauerländer / Fischer Sauerländer • Hedderichstraße 177 • 60596 Frankfurt am Main
Tel.: 069/6062-0 • www.sauerlaender.de

SchauHoer Verlag • Asternweg 213 • 50259 Pulheim
Tel.: 02238/474826 • info@schauhoer-verlag.de • www.schauhoer-verlag.de

Schnäddi & Höppi Verlag • Kornweg 2 • CH-8405 Winterthur • Schweiz
info@schnaeddiundhoeppi.ch • www.schnaeddiundhoeppi.ch

Schneiderbuch / Egmont Verlagsgesellsch. • Gertrudenstraße 30–36 • 50667 Köln
Tel.: 0221/208110 • info@egmont-vg.de • www.schneiderbuch.de

Schott Music • Weihergarten 5 • 55116 Mainz
Tel.: 06131/2460 • www.schott-musik.de

Schwarzkopf & Schwarzkopf Verlag • Kastanienallee 32 • 10435 Berlin
Tel.: 030/443363017 • info@schwarzkopf-schwarzkopf.de
www.schwarzkopf-schwarzkopf.de

SCM-Verlag • Max-Eyth-Straße 41 • 71088 Holzgerlingen
Tel.: 07031/7414-0 • info@scmedien.de • www.scm-verlag.de

Silberfisch / Hörbuch Hamburg HHV • Paul-Nevermann-Platz 5 • 22765 Hamburg
Tel.: 040/89720780 • info@hoerbuch-hamburg.de • www.hoerbuch-hamburg.de

Staudt Verlag • Koningskampen 20 a • NL-5321 JK Hedel • Niederlande
vertrieb@staudt-verlag.de • www.staudt-verlag.de

Terzio • Heilmannstraße 15 • 81479 München
Tel.: 089/4808850 • www.terzio.de

Tessloff Verlag • Burgschmietstraße 2–4 • 90419 Nürnberg
Tel.: 0911/39906-0 • info@tessloff.com • www.tessloff.com

Thienemann / Thienemann-Esslinger Verlag • Blumenstraße 36 • 70182 Stuttgart
Tel.: 0711/210550 • info@thienemann-esslinger.de • www.thienemann-esslinger.de

Titania Verlag • Heilmannstraße 15 • 81479 München
Tel.: 089/480885-0 • titania@titania-verlag.de • www.titania-verlag.de

Tulipan Verlag • Albestraße 16 • 12159 Berlin
Tel.: 030/8092249-30 • www.tulipan-verlag.de

Carl Ueberreuter Verlag • Frankgasse 4 • A-1090 Wien • Österreich
Tel.: +43(0)19195024 • www.ueberreuter-sachbuch.at

Ueberreuter Verlag • Prinzenstraße 85 d • 10969 Berlin
Tel.: 030/6521623-10 • office@ueberreuter.de • www.ueberreuter.de

Urachhaus • Landhausstraße 82 • 70190 Stuttgart
Tel.: 0711/28532-01 • info@urachhaus.com • www.urachhaus.com

Usborne Verlag • 83–85 Saffron Hill • EC1N 8RT London (Vereinigtes Königreich)
Tel.: +44(0)2074302800 • info@usborne.de • www.usborne.de

Verlag an der Ruhr • Wilhelmstraße 20 • 45468 Mülheim an der Ruhr
Tel.: 0208/43954-50 • info@verlagruhr.de • www.verlagruhr.de

Wiener Dom-Verlag • Stephansplatz 4/6/DG • A-1010 Wien • Österreich
Tel.: +43(0)1/512 3503-3964 • office@domverlag.at • www.domverlag.at

wissenmedia in der inmediaONE GmbH • Avenwedder Straße 55 • 33311 Gütersloh
Tel.: 05241/8019990 • info@wissenmedia.de • www.wissenmedia.de